大都會文化

大都會文化

大都會文化

大都會文化

轉個彎
路更寬
Little Things Can Make
A Big Difference
趙希俊◎著
全球成功人士奉為圭臬的67道暢意人生增值計畫之實踐處方

序

古今中外無數大小人物的經歷告訴我們：為人處世必須講究方法，否則，就會處處樹敵、事事碰壁。而掌握了為人處世的方法，經營事業和人生，才能達到無往不利、游刃有餘的高超境界。

一位哲人曾說：「無論你身處何境，都是自己的選擇。」我們往往把失敗歸罪於客觀世界，而不願意作內心的反省——你為什麼不成功？你應該仔細思考這個問題。許多人都曾經想過它，但得到的結論幾乎相同：「條件有限！」

因為條件限制，許多人就這樣認定自己難以改善命運。內心的消極情緒占了上風，自己選擇了失敗的宿命。他們總認為自己只要有足夠的資金，就可以做得和別人一樣好。這可能是事實。但是，他們本應該積極地去爭取這些足夠的資金，或者，轉換另外一個思緒，重新思考問題。

密執安州的齊格，就曾有一個深刻的體會。一天，他到福靈特房地產經紀人委員會的一個午餐聚會上發表演講。演講之前，他與坐在他左邊的一位紳士閒談，問那位紳士生意怎樣。紳士開始滔滔不絕地抱怨生意是如何的糟糕透頂。

他告訴齊格，通用汽車公司正在罷工，在這種時候沒有人會從別人手裡購買任何東西。「事情太糟糕了，人們連鞋子、衣服、汽車甚至連食品都不買，當然也不會買房子。我好長時間連一座房子也沒賣掉，真不知道怎樣才能完成合約，」他抱怨道，「如果罷工不馬上結束，我就要破產了。」

後來，齊格轉向坐在右邊的一位夫人，問道：「哦，怎麼樣？」

「哦，你知道，齊格先生，通用汽車公司正在罷工……」她露出一個舒展而甜美的微笑說，「所以生意簡直像奇蹟。幾個月以來人們第一次有了空閒時間為布置理想中的家去逛商店買東西。」

「為什麼？」

她說：「有些人可以花半天時間來看一幢房子。他們從小閣樓一直檢查到隔熱層。他們測量每一英吋面積，從廁所、壁櫥到房屋地基，無一放過。我甚至碰到過一對夫婦自己查找地界線。這些人知道罷工是會結束的，他們對美國經濟有信心，但最重要的是，他們知道現在買房子比以後買要便宜。這樣一來，生意確實很興隆。」然後她很有信心地說：「齊格先生，你在華盛頓有熟人嗎？」

齊格說：「有的，我有個侄子在那兒上學。」

她說：「不、不，我是問你在華盛頓是不是認識一些有政治影響的人？」

齊格說：「沒有，恐怕不認識。但是你為什麼要問這個？」

她答道：「我在考慮，如果你認識的人能使這場罷工再持續六個星期，只需六個星期，那麼我今年就可以甩手不幹了。」

一個人由於罷工而落魄，另一個卻由於罷工而發財了。外部條件相同，但他們的態度卻大相逕庭。一位思路聰明的人就曾指出：「你的生意好壞從來不是由外界決定的，而是由你的大腦決定的。如果你的思維凝滯了，你的事業也會停滯不前。如果你的思想對頭，你的事業也會興旺發達。」

所以，多讓大腦運動吧！換個思路的腦力激盪，會使你的問題有效率獲得舒解，迎向成功的機會也愈來愈大。

目錄

PART III 靈活的處世哲學

PART IV 勤修品德

PART V 享受快樂人生

Part 1
轉個方向 創新思維

轉換思路更聰明

一個猶太人走進紐約的一家銀行，來到貸款部，大模大樣地坐了下來。

「請問先生有什麼事情嗎？」貸款部經理一邊問，一邊打量著來人的穿著：高檔豪華的西服、高級皮鞋、昂貴的手錶，還有領帶夾。

「我想借些錢。」

「好啊，你要借多少？」

「一美元。」

「只需要一美元？」

「不錯，只借一元。可以嗎？」

「當然可以，只要有擔保，再多點也無妨。」

「好吧，這些擔保可以嗎？」

猶太人說著，從皮包裡取出一堆股票、國債等等，放在經理的寫字檯上。

「總共五十萬美元，夠了吧？」

「當然，當然！不過，你真的只要借一美元嗎？」

「是的。」說著，猶太人接過了一美元。

「年息為6%。只要您付出6%的利息，一年後歸還，我們就可以把這些股票還給您。」

「謝謝。」猶太人說完，就準備離開銀行。

一直在旁邊冷眼觀看的行長，怎麼也弄不明白，擁有五十萬美元的人，怎麼會來銀行借一美元。他慌慌張張地追上前去，對猶太人說：「啊，這位先生……」

「有什麼事情嗎？」

「我實在弄不清楚，你擁有五十萬美元，為什麼只借一美元呢？要是你想借三十、四十萬美元的話，我們也會很樂意的……」

「請不必為我操心。只是我來貴行之前，問過了幾家金庫，他們保險箱的租金都很昂貴。所以嘛，我就準備在貴行寄存這些股票。租金實在太便宜了，一年只需花六美分。」

貴重物品的寄存按常理應放在金庫的保險箱裡，對許多人來說，這是唯一的選擇。但猶太商人沒有囿於常理，而是另闢蹊徑，找到讓財務鎖進銀行保險箱的辦法。從可靠、保險的角度來看，兩者確實是沒有多大區別的，除了收費不同。

通常情況下，人們是為借款而抵押，總是希望以盡可能少的抵押爭取盡可能多的借款。而銀行為了保證貸款的安全和有利，從不肯讓借款額接近抵押物的實際價值。所以，一般只有關於借款額上限的規定，其下限根本不用規定，因為這是借款者自己就會管好的問題。

能夠轉換思路思考問題，這就是猶太商人在思維方式上的高明之處。

成功的最大祕訣：創新

精明人做生意往往靠的是精打細算；而聰明人則懂得依靠創新取勝。

傑瑞米・克勞斯是天才的生意人，他說：「我從小就討厭從事一個普通的職業，因此一直沒有工作。而我說過，其實我能做任何工作——甚至做冰淇淋。」於是，這位賓州大學（賓夕法尼亞大學）的學生入學後，在宿舍裡做起了冰淇淋。不久，同校的兩個夥伴科恩和希爾頓也加入了。於是，克勞斯賣掉大部分債券自己投資，並拿出他高中時挨家挨戶上門推銷淨水器時賺的六萬美元，和他們合夥開了這家公司。經過市場調查，克勞斯發現，冰淇淋的口味已經二十年沒有變化了，他敏銳地覺察到，這是為他們創業提供了一個很好的空間。他採納了啤酒商薩繆爾・亞當斯的建議，使用啤酒釀造技術製作口味奇特的冰淇淋，他與當地的乳酪廠聯合，由他們提供特製的奶酪。

由於口味的創新，使這家小型的冰淇淋公司很快吸引了投資者入股。結果新產品一上市就供不應求，它的風味很快就成為一種飲食時尚，風行歐美及世界各地。

一九九九年，克勞斯的美國傑瑞米冰淇淋公司生產口味獨特的超級冰淇淋，銷售額已達到五百萬美元。

克勞斯談到自己的成功時說：「事業成功的最大祕訣就是創新。我們年輕人應該是一個行業中的創新者，而不是一成不變的製造者。因為年輕的本質特徵就是新異和充滿朝氣。」

克勞斯是聰明人，他注重創新，因此獲得了成功。

讓靈感轉變為成功機會

一九四七年的冬天，在美國密西根州的卡斯伯里村，愛德華・洛伊正幫著他的父親做木屑生意。這時，有一位鄰居跑進來，想向他們要一些木屑，因為她的貓房裡的砂凍住了，她想換一些木屑鋪上去。當時，年輕的洛伊就從一隻舊箱子裡拿出一袋風乾了的黏土顆粒，建議對方試試這玩意兒。因為這種材料的吸附能力特別強，當年他父親賣木屑的時候，就是用這種材料清除油漬的。這樣一來，那位鄰居的燃眉之急就給解除了。

幾天之後，這位鄰居又來了，她想再要一些這樣的黏土顆粒。此時，洛伊突然意識到自己的機會來了。他馬上又弄了一些黏土顆粒，分五磅裝一袋，總共裝了十袋。他把自己的新產品命名為「貓砂」，打算以每份六十五美分的價格賣出去，但是大家都笑話他，因為一般鋪貓房用的砂子才多少錢一磅呀？

但出人意料的是，洛伊的十袋黏土很快就賣完了，而且當這些用戶再次找上門來，指名道姓要買「貓砂」的時候，這一下可該輪到洛伊發笑了。一筆生意，一個品牌，一種使命，就這樣創始了。

採用黏土顆粒作為「貓砂」，反倒使這種小動物變成更受人歡迎的寵物了。同時，洛伊也因此而變得富有了。僅僅在一九九五年洛伊去世前的兩三年時間內，「貓砂」的銷售價值就達到了兩億美元。也許可以說，正是洛伊的發明所帶來生存條件的改善，最終使貓取代狗成為在美國最受歡迎的寵物。

洛伊不愧是一個頭腦靈活的精明人，他善於思考，能夠把一時的靈感轉變為自己的機會，因此獲得了成功。

機智戰勝對手

這是發生在第二次世界大戰期間的一個真實感人的故事。法國第厄普市有位婦女，人稱伯爵夫人。她的丈夫在馬奇諾防線被德國人俘虜，身邊只留下兩個幼小的兒女——十二歲的雅各和十歲的賈桂琳。為了把德國強盜趕出自己的祖國，母子三人參加了當時的祕密情報工作。

一天晚上，屋裡闖進來三位德國軍官，其中一位是本地區情報部的軍官。他們坐下後，一個少校軍官拿出一張揉皺的紙，在暗淡的燈光下吃力地閱讀起來。這時，那個情報部的中尉順手拿過藏有情報的蠟燭點燃，放到長官面前。情況頓時變得危急起來，伯爵夫人知道，萬一蠟燭燃到鐵管之後，就會自動熄滅，同時也意味著他們一家三口的生命將告結束。她看著兩個臉色蒼白的兒女，急忙從廚房中取出一盞油燈放在桌上。「瞧，先生們，這盞燈亮些。」說著輕輕地把蠟燭吹熄，一場危機似乎過去了。但是，輕鬆沒有持續多久，那個中尉又把冒著青煙的燭芯重新點燃，「晚上這麼黑，多點支小蠟燭也好嘛。」他說。燭光接著發出微弱的光，此時此刻，它彷彿成為這房裡最可怕的東西。伯爵夫人的心提到了嗓子眼上，她似乎感到德軍那幾雙惡狼般的眼睛都盯在越來越短的蠟燭上。一旦這個情報暴露，後果是不堪設想的。

這時候，小兒子雅各慢慢地站起，「天真冷，我到柴房去搬些柴來生火吧。」說著伸手端起燭台朝門口走去，房子頓時暗下來。中尉快步趕上前，厲聲喝道：「你不用燈就不行嗎？」一手把燭台奪回。

時間一分一秒地過去。突然，小女兒賈桂琳嬌聲對德國人說道：「司令官先生，天晚了，樓上黑，我可以拿一盞燈上樓睡覺嗎？」少校瞧了瞧這個可愛的小姑娘，一把拉她到身邊，用親切的聲音說：「當然可以。我家也有一個像你這樣年紀的小女兒。來，我給你講講我的路易莎好嗎？」賈桂琳仰起小臉，高興地說：「那太好了。不過，司令官先生，今晚我的頭很痛，我想睡覺了，下次您再給我講好嗎？」，「當然可以，小姑娘。」賈桂琳鎮定地把燭台端起來，向幾位軍官道過晚安，上樓去了。正當她踏上最後一級樓梯時，蠟燭熄滅了。

故事中的小姑娘善於控制和掩飾自己，敢於和比自己強大的對手鬥爭，並且能夠取得勝利，真是一位聰明人。

多問「為什麼？」

聰明人喜歡思考，經常問「為什麼」，而且對別人提出的問題也非常關注。

一九二一年，印度科學家拉曼在英國皇家學會上作了聲學與光學的研究報告後，取道地中海乘船回國。在甲板上漫步的人群中，一對印度母子的對話引起了拉曼的注意。

「媽媽，這個大海叫什麼名字？」

「地中海！」

「為什麼叫地中海？」

「因為它夾在歐亞大陸和非洲大陸之間。」

「那它為什麼是藍色的？」

年輕的母親一時語塞，求助的目光正好遇上了在一旁饒有興味傾聽他們談話的拉曼。拉曼告訴男孩：「海水所以呈藍色，是因為它反射了天空的顏色。」

在此之前，幾乎所有的人都認可這一解釋。它出自英國物理學家瑞利勳爵，這位以發現惰性氣體而聞名於世的大科學家，曾用太陽光被大氣分子散射的理論解釋過天空的顏色，並由此推斷，海水的藍色是反射了天空的顏色所致。

但不知為什麼，在告別了那一對母子之後，拉曼總對自己的解釋心存疑惑，那個充滿好奇心的稚童，那雙求知的大眼睛，那些源源不斷湧現出來的「為什麼」，使拉曼深感愧疚。作為一名訓練有素的科學家，他發現自己在不知不覺中喪失了男孩那種到所有的「已知」中去追求「未知」的好奇心，不禁為之一震！

拉曼回到加爾各答後，立即著手研究海水為什麼是藍的，發現瑞利的解釋實驗證據不足，令人難以信服，決心重新進行研究。

他從光線散射與水分子相互作用入手，運用愛因斯坦等人的理論，獲得了光線穿過淨水、冰塊及其他材料時散射現象的充分數據，證明出水分子對光線的散射使海水顯出藍色的機理，與大氣分子散射太陽光而使天空呈現藍色的機理完全相同。進而又在固體、液體和氣體中，分別發現了一種普遍存在的光散射效應，被人們統稱為「拉曼效應」，為二十世紀初科學界最終接受光的粒子性學說提供了有利的證據。

一九三〇年，地中海輪船上那個男孩的問號，把拉曼領上了諾貝爾物理學獎的獎台，成為印度也是亞洲歷史上第一個獲得此項殊榮的科學家。

做聰明的思考者

最早完成原子核散射實驗的英國著名物理學家拉塞福，有一天晚上走進實驗室，當時時間已經很晚了，只見他的一個學生仍俯在工作台上，便問道：「這麼晚了，你還在做什麼呢？」

學生回答說：「我在工作。」

「那你白天做什麼呢？」

「我也工作。」

「那麼你早上也在工作嗎？」

「是的，教授，早上我也工作。」

於是，拉塞福提出了一個問題：「那麼這樣一來，你用什麼時間思考呢？」

這個問題提得真好！只有真正聰明的人才能夠提出這樣的問題。

拉開歷史的帷幕就會發現，古今中外凡是有重大成就的聰明人，在其攀登科學高峰的征途中，都是給思考留有一定時間的。據說愛因斯坦相對論的建立，經過了

「十年的沉思」，他說：「學習知識要善於思考、思考、再思考，我就是靠這個學習方法成為科學家的。」思想家黑格爾在著書立說之前，曾緘默六年，不露鋒芒。在這六年中，他以思考為主，專研哲學。哲學家認為，這平靜的六年，其實是黑格爾一生中最重要的時刻。牛頓從蘋果落地導出了萬有引力定律，有人問他這有什麼「訣竅」？牛頓說：「我並沒有什麼方法，只是對於一件事情作長時間熱情的思索罷了。」德國數學家高斯在許多方面都有傑出的貢獻，所以有人稱他為「數學王子」，而他則謙虛地說：「假如別人和我一樣深刻和持續地思考數學真理，他們也會作出同樣的發現的。」

希臘哲學家蘇格拉底無疑是一個聰明人，他是人類有史以來最早的思考者。在他的學生柏拉圖記錄的《對話》中，他深邃而明晰的思想永垂青史。在他的出生地雅典，作為一位著名的教師，他創建了自己的學院，並在數十年的時間裡，教授年輕人如何通過辨證的提問分析重要的問題，這就是名揚後世的「蘇格拉底法」。在七十歲高齡時，蘇格拉底被當政者認為是一位製造麻煩的危險分子，因為根據他的教誨，學生們對統治者的權威產生了疑問，提出了很多令當政者難堪的問題，對他們的統治造成了極大的威脅。於是，統治者給蘇格拉底發出了最後的通牒：離開他畢生生活的城市，永不回來；或者被處以極刑。蘇格拉底沒有選擇離開他熱愛的雅典以及他所創造的生活，而是選擇了死亡，當著他親人和朋友的面，蘇格拉底平靜地喝了一杯毒茶。他堅信離開雅典就會違背理性的道德，而他正是以此為基礎建立生活和教授學生的。他寧願結束生命，也不願意犧牲他的信仰。臨死前，他說了這樣一句話：「現在是我們分別的時候，我將死去，你們將活著。只有上帝知道哪一個更好。」

特別是在今天，我們都需要學會聰明的思考。作為聰明的思考者，需要具有活躍的、充滿活力的思想。一般來說，聰明的思考者具備以下特性：

1、寬容：在討論中，他們認真聽取每一種觀點，對每一種觀點都給予認真和公平的評價。

2、有學識：當他們談自己的看法時，總是以事實和根據為基礎。另一方面，如果他們對某件事還不太了解，他們會承認這一點。

3、思維活躍：他們積極主動地運用他們的智力來面對問題，迎接挑戰，而不是被動地應付局面。

4、好奇：他們對問題喜歡刨根問底、深鑽細研，而不是滿足於蜻蜓點水。

5、獨立思考：他們不怕與他人的觀點不一致，他們的信仰都經過認真地分析，而不是不加思量地借鑒他人的信仰，或簡單地隨波逐流。

6、善於討論：他們能以一種有條理和理智的方式對他人和自己的看法展開討論，即使大家對某些問題的看法有分歧，他們也能認真地聽取與自己相反的意見，並在深思熟慮的基礎上談自己的看法。

7、有見識：他們對問題的看法能一語中的，當別人在細節上糾纏時，他們能抓住問題的實質，既見樹木，又見森林。

8、自我意識：他們能意識到自己的偏見，並能在分析問題時，很快地自我反省糾正。

9、有創造性：他們能打破思考的常規，以創新的方式解決問題。

10、熱情：他們強烈地渴望了解和認識事物，總是努力把問題搞清楚。

大智若愚

明白人往往大智若愚，善於藏拙，返璞歸真，他們有時會像兒童一樣進行思考。

兒童一般都天真爛漫，他們不知道什麼可能和不可能，所以會問一些幼稚的問題，嚮往一些不可能的事情。成人一般都學乖了，他們知道什麼可能和不可能，所以不問愚蠢的問題，不嚮往不可能的事情。對孩子充滿好奇心的問題，成人草草一句「事情就是那樣」，就把他們打發了。其實，事情未必是「那樣」。

成人同樣會提出：為什麼看不到跟你打電話的人？為什麼人造皮革趕不上動物皮革輕柔、耐用和有彈性？為什麼不乾脆把人體缺損或致病的基因換掉？這類「愚蠢」的問題，正是打開新的競爭空間的鑰匙。

瑞士工程師尼可・海耶克就問過這樣一個愚蠢的問題：瑞士既然有世界上成本最高的鐘錶生產基地，製表商為什麼不能從精工和西鐵城這樣的日本對手手中，重新奪回瑞士低檔鐘錶的市場呢？二十世紀八〇年代初，瑞士實際上已完全退出低檔鐘錶市場。瑞士製造的低檔錶占有率零，中檔錶占百分之三，豪華錶則占百分之九十七。實際上，瑞士低檔鐘錶生產已退出了世界的鐘錶業。

一九八五年，尼可・海耶克購買了瑞士微電子設備與製錶公司的股權，成立Swatch 公司。該公司是兩年前在海耶克的建議下，由瑞士最大的兩家製錶商合併而成，當時這兩家公司均處於破產邊緣。這個觀念的產生，不是經過精心財務分析，而是由於重振瑞士鐘錶業的雄心壯志。這一目標對任何一位瑞士公民或親歐者顯然具有感情吸引力。

既然以此為目標，它所生產的低價錶，就一定要有亞洲競爭對手不易模仿的特色，即一種體現歐洲人情味和智慧的東西。起初，銀行都不願借錢給這一企業，因為他們認為，在高成本勞動力環境中運行的瑞士公司，不可能贏得過擁有低成本亞洲資源平台的日本競爭對手。

然而尼可・海耶克有一個夢想：「無論哪兒的孩子都相信夢想，他們問著同樣的問題：為什麼？為什麼有的事情是某種樣子的？為什麼我們要以某種方式行事？我們每天也問自己這些問題。」

人們可能會笑瑞士一家巨型公司的總裁竟會講天方夜譚。可是那卻是明白人常常獲得傑出成就的真正奧祕所在。

海耶克的愚蠢問題「我們為什麼不能與日本人競爭」，需要一個聰明的回答。要想生產出一種款式新穎、平均售價四十美元的錶，就需要在設計、製造和銷售方面進行徹底革新。

Swatch公司極富創新精神的製造過程，將勞動成本刪減到製造成本的百分之十以下，只及零售價格的百分之一。海耶克自豪地說，即便日本工人把他們的工時白白奉獻了，Swatch照樣能賺取可觀的利潤。

孟德斯鳩曾說過：「大智若愚才能成功。」本來就笨的人什麼事都不能做，根本無法成功；聰明人和明白人，抱著堅定的信念，可以學到專門知識，加上努力，便會成功；太過精明的人，往往處處想找竅門，時時想走捷徑，結果常常因基礎不牢、努力不夠而難以成功。

日本東京大學地震研究所的寺田寅彥教授曾引用一位老科學家的話，講過如下一番道理：

人們常說：「要成為一名科學家，頭腦必須要聰明。」從某種意義上講，的確是這樣。另一方面，「科學家的腦袋還必須笨」，從某種意義上講，這也是對的。

乍一看，這是兩個截然相反的命題。實際上，它表現出一個事物既對立又統一的兩個不同面。為了不失去邏輯鏈條上的任何一個環節，為了在一片混亂中，不至於顛倒部分和整體的關係，這是需要有正確而又縝密的頭腦的。

處在眾說紛紜，可能性交織的岔路口時，為了不把應該選擇的道路弄錯，必須具有洞察未來的直觀能力。在這個意義上，科學家的頭腦確實要聰明。可是，要想從平常被人認為是極普通明瞭的事物中，從那些就連平常所說的頭腦笨的人也容易明白的日常小事中，找出它不可思議的疑點，提出為什麼，並極力要闡明其原委，這對科學教育者自不待言，就是對於從事科學研究的人來說，也是特別重要、缺之不可的。在這點上，科學家必須是比普通頭腦笨的人更顯得頭腦不開竅和死心眼的人。

所謂頭腦靈活的精明人，可以說他們如同腿腳飛快的遊客，雖然可以捷足先登地到達他人尚未涉足之處，可是他們恐怕會遺漏觀賞路旁或岔道上的重要東西。頭腦一般的人，猶如走路慢的人，一直緩步在後，往往毫不費力地把那珍寶拾在手中。頭腦靈活的精明人正是因為他們敏於推測，可以縱觀路途上所有的難關險阻，至少也是有這種預感的，所以常常容易挫傷自己進取的勇氣。頭腦一般的人，由於他的前途籠罩了一層雲霧，反而易持樂觀態度，即使是遇到難關，他也會格外地努力、擺脫困境，這是因為無論如何也闖不過的難關是極為罕見的緣故。

一切舉動和行為都伴隨著危險。怕受傷的人，成不了木匠；怕失敗的人，成不了科學家。科學就是在頭腦不靈活、不怕死的人的屍體上築成的宮殿，也是血河之畔開著鮮花的花園。關係著自身的利害，頭腦靈活的人是很難成為戰士的。頭腦靈活的人容易著眼於別人工作上的缺點，別人的工作自然就顯得拙劣，這樣常會陷入高人一等的錯覺之中。這樣一來，其結果是上進心鬆弛，很快這個人也就止步不前了。

對於頭腦一般的明白人來說，總能看到別人工作的卓越出色之處，同時也感到大人物的工作自己也似乎可以做得到，因此，很自然地刺激著自己的上進心。頭腦靈活，而且又自命不凡的人，即使能為人之師，卻成不了科學家。

而明白人覺悟到人的腦力是有限的，把愚笨、赤裸裸的自身拋在大自然面前，又決心只是傾聽大自然的直接教誨，只有這樣才能成為科學家。正是因為如此，不能成為科學家的人也是理所當然的。不言而喻，這是絕對需要正確嚴謹的觀察、分析和推理的。這就是說，想做出一番傑出的事業，首先要做一個明白人。

◆ 發揮創造性思維，思考出乎意料

創造性思維是一種具有開創意義的思維活動，創造性思維還可以從更廣泛的含義上去理解。不僅作出完整的新發現和新發明的思維過程是創造性思維，而且那些儘管沒有取得最後發現和發明，但在思考的方法和技巧上，在某些局部的結論和見解上具有新奇獨到之處的思維活動，也是創造性思維。不僅在科學技術領域中那些重大發明和發現的過程存在創造性思維，而且在人們的政治、軍事、經濟決策中和生產教育、藝術活動中，也無不存在創造性思維。創造性思維是聰明人經常採用的思維方式。

1、注意養成思考的習慣

在不斷的思考中鍛鍊與發展思維能力。我們知道，一般人的天資並沒有太大的差別，正如馬克思所說：「搬運夫和哲學家之間的原始差別，要比家犬和獵犬之間的差別小得多，他們之間的鴻溝是分工造成的。」人的思維能力主要是在用腦的實踐中形成與發展的。像體育鍛鍊可以增強人的身體素質一樣，勤於動腦可以使大腦越來越發達，思維能力越來越強。中國清代的思想家唐甄說得好：「心，靈物也；不用則長存，小用之則小成，大用之則大成，變用之則至神。」因此，我們要注意養成凡事都要用腦筋想一想、問一個為什麼的習慣，不滿足於對事物的一知半解，不滿足於接受與記憶現成的結論。只有這樣，腦子才能越用越靈。

2、克服盲目順從的心理

「槍打出頭鳥」、「利刀子先鈍」這類「名言」每個人都很熟悉。這種中庸之道自古到今都相當盛行。

社會心理學家所羅門．阿希做過這樣一個實驗。他找來七名大學生坐在一起，請他們判斷兩張卡片上的線段長度。第一張卡片上畫著一個「標準線段」，其餘的每張卡片上畫著三個線段，其中只有一個線段與「標準線段」長度相等。阿希要求大學生們找出其餘卡片上與「標準線段」長度相等的線段，並且按照座位順序說出自己的答案。

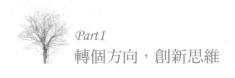

其實，那七位大學生中，只有倒數第二位是蒙在鼓裡的受試者，其餘六位大學生事先已經串通好了，他們的答案保持一致，但答案的三分之二都是錯誤的。以此來測試那位受試者在多大程度上不受周圍人的影響，堅持自己的正確答案。

實驗的結果是，有百分之三十三的受試者由於屈服於群體的壓力而說出了錯誤的答案。

有趣的是，不但人類有盲目順從的傾向，其他的群居類動物也都有此習慣。法國的自然科學家法伯曾經做過這樣一個有趣的實驗：把一群毛蟲放在一個盤子的邊緣，讓它們一個緊跟著一個，頭尾相連，沿著盤子排成一圈。於是，毛蟲們開始沿著盤子爬行，每一隻緊跟著一隻，既害怕脫隊，也不敢獨自走新路。它們連續爬了七天七夜，終於因飢餓而死去。而在那個盤子的中央，就擺著毛蟲們喜歡的食物。

思維上的順從趨勢，使得個人有一種歸宿感和安全感，能夠消除孤單和恐懼等有害心理。另外，隨波逐流也是一種比較保險的處世態度，你想，自己跟隨著眾人，如果說得對、做得好，那自然會分得一杯羹；即使說錯了、做得不好也不要緊，無需自己一人承擔責任。

大原總一郎是日本一家紡織公司的董事長，他的父親常對他說：「一項新事業，在十個人當中，有一兩個人贊成就可以開始了；有五個人贊成時，就已經遲了一步；如果有七八個人贊成，那就太晚了。

當我們面對一些實際問題時，如果一味地順從大眾意見，自己不動腦筋，我們就很難獲得成功。

3、大膽「胡思亂想」

想像力能使常被認為不可能的事物變為現實。拿破崙說過：「想像支配人類。」想像力，這是人的偉大之處。

人的創造範圍完全是由人對自己的想像和認識所決定的。創造力是讓人去「胡思亂想」，想那些常人不敢想的，做常人認為怪異而不敢做的事情。開始時也許是空想，但如果你能全力以赴、持之以恆地為之奮鬥，也許理想會變成現實，這對個人的發展、事業的進取將產生很大的影響。美國著名心理學專家丹尼爾·高曼說：「要想在事業上有所成就，將以有無創造性思維的力量來論成敗。」而作為決定創造範圍的想像力就當然顯得很重要了。

看過《福爾摩斯探案全集》的讀者，應該記得福爾摩斯是如何在面對他所遇到一件件稀奇古怪的案件時，施展他的想像力的。他往往是經過仔細觀察後得到的線索來進行想像，有很多想像是常人所不能想到的，然而福爾摩斯卻突破常規，大膽進行想像，最後根據想像進行追查，出人意料地破了案。福爾摩斯在總結他的破案經驗時曾對華生說過，警察們有時老破不了案，其中很重要的原因就是因為他們缺少想像力。福爾摩斯的許多破案方法至今仍然是許多警察學校的必修內容。

假如我們看到七條菜蟲捲曲著身子從斜面滾下去，普通的聯想頂多認為菜蟲找到了一個很好的逃避方式；但放開一步聯想，我們很快就能想到輪子，再放開一步，也許我們會聯想到人類可以利用一個球形的充氣囊從懸崖上往下跳；如果作無限制的聯想，我們甚至可以去想菜蟲滾動的軌跡可能與某一個行星的公轉軌跡相似，或者氣候的變遷使得菜蟲採取了這種姿勢的捲曲與滾動。當然，想像力可以無邊無垠，但最終都要回復到正在學習的內容或正待解決的問題上來。你需要記住的是，無論你的想像多麼荒誕不可理喻，如果有助於解決問題或者使你產生絕妙的創意，那麼你就採取了正確的做法。當愛因斯坦思考相對論時，他正在做著白日夢，幻想著自己正騎在一束光上，做著太空旅行，然後思考：如果這時在出發地有一座鐘，從我坐的位置看，它的時間會怎樣流逝呢？這樣做並不複雜，我們何不也嘗試著做一做呢？

4、善於提出建設性的問題

世界著名的日本本田汽車公司，善於用提問創造思維法來找出問題的最終原因，從而使問題得到根本的解決。

有一天，一台生產配件的機器在生產期間突然停了。管理者就立即把大家召集起來，進行一系列的提問來解決這個問題。

問：機器為什麼不轉動了？

答：因為保險絲斷了。

問：保險絲為什麼會斷？

答：因為超負荷而造成電流太大。

問：為什麼會超負荷？

答：因為軸承乾澀不夠潤滑。

問：為什麼軸承不夠潤滑？

答：因為供油幫浦吸不上來潤滑油。

問：為什麼供油幫浦吸不上來油？

答：因為供油幫浦產生了嚴重的磨損。

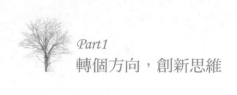

問：為什麼供油幫浦會產生嚴重磨損？

答：因為供油幫浦未裝過濾器而使鐵屑混入。

在上面的提問中，主要用「為什麼」進行提問，連續用了六個「為什麼」使問題得到根本解決。當然，實際問題的解決過程中並不會像上面敘述的那麼順利，但主要的思路是這樣的。

在這些提問中，若當第一個「為什麼」解決後就停止追問，認為問題已經得到解決，於是換上保險絲。但是不久保險絲還會斷，因為問題沒有得到根本解決。所以在使用提問法來解決問題時要做到「追根問底」，才能使問題得到根本的解決。

5、鍛鍊列舉事物缺點的能力

列舉缺點以創造思維，這種方法關鍵在於找出對應事物或問題所針對對象的缺點，從缺點入手，尋求創造性的方法來解決問題。

列舉缺點，實際上就是指我們在工作、生活、學習中不斷地主動去發現問題、發現缺點，改善周圍的事物。這就要求我們在工作、生活、學習中做「有心人」，多追求完美，而不能用「將就」、「湊合」來對待事物，否則就會失去創造新事物的動機而失去創造的機會。

走進商店，我們就能發現貨架上的商品似乎不停地在更新換代。電視、自行車、保溫杯、衣服等等，這些日常用品在使用中會不斷地被人發現缺陷，明智的廠家會根據這些缺陷對產品不斷地進行改進。比如下傾盆大雨時，鞋子總是被淋溼，一般的雨傘幫不了忙。假如高檔的皮鞋被淋溼，鞋主會很心痛的。為此，日本人新發明了小型鞋傘以彌補這個不足。只要把固定在鞋尖上的鞋傘撐開，就能使鞋面保持乾淨。

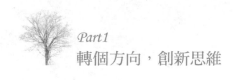

劣勢轉化為優勢

三個旅行者早上出門時，一個精明的旅行者帶了一把傘；另一個精明的旅行者拿了一根枴杖；第三個旅行者是一個聰明人，他卻什麼也沒有拿。

晚上歸來，拿傘的旅行者淋得渾身是水；拿枴杖的旅行者跌得滿身是傷；而第三個旅行者卻安然無恙。於是，前面的旅行者很納悶，問第三個旅行者：「你怎會沒有事呢？」

第三個旅行者沒有回答，而是問拿傘的旅行者：「你為什麼會淋溼而沒有摔傷呢？」拿傘的旅行者說：「當大雨來到的時候，我因為有了傘，就大膽地在雨中走，卻不知怎麼就淋溼了；當我走在泥濘坎坷的路上時，我因為沒有枴杖，所以走得非常小心，專揀平穩的地方走，所以沒有摔傷。」

然後，他又問拿枴杖的旅行者：「你為什麼沒有淋溼而摔傷了呢？」拿枴杖的說：「當下大雨時，我因為沒有帶雨傘，便揀能躲雨的地方走，所以沒有淋溼；當我走在泥濘坎坷的路上時，我便用枴杖拄著走，卻不知為什麼常常跌跤。」

第三個旅行者聽後笑笑說：「這就是為什麼你們拿傘的淋溼了，拿枴杖的跌傷了，而我卻安然無恙的原因。當大雨來時我躲著走；當路不好時我小心地走，所以我沒有淋溼也沒有跌傷。你們的失誤就在於你們有憑藉的優勢，認為有了優勢便少了憂患。」

聰明人知道：許多時候，我們不是跌倒在自己的缺陷上，而是跌倒在自己的優勢上，因為缺陷常常給我們提醒，而優勢卻常常讓我們忘乎所以。

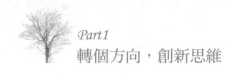

講究方法，事半功倍

1、聰明的人不會只知蠻幹

一個小男孩在他的小沙坑裡玩耍，沙坑裡有他的玩具小汽車、敞篷貨車、塑膠水桶和塑膠鏟子。

當小男孩在鬆軟的沙堆上修築「公路」和「隧道」的時候，他在沙坑的中間發現了一塊巨大的石頭，阻擋了他的「工程」建設。於是，小男孩開始挖掘石頭周圍的沙子，企圖把石頭從沙子中弄出去。雖然石頭並不算大，可是對於小男孩來說已經相當大了。小男孩手腳並用，費了很大的力氣，終於把大石頭挪到了沙坑的邊緣。不過，他發現自己根本沒有力氣把大石頭搬出沙坑外。

但是，小男孩下決心要把大石頭搬出去，於是他用手推、用肩拱、左搖右晃著大石頭，一次又一次地努力。可是，每當剛剛有一點兒進展時，大石頭就又滾回原處。最後一次努力時，大石頭滾回來砸傷了小孩的手指頭。

小男孩終於忍不住了，大哭起來。其實，這件事的整個過程都被小男孩的父親透過起居室的窗戶看得一清二楚。就在小男孩哭泣時，父親忽然出現在小男孩的面前，溫和地對他說：「兒子，你為什麼不用盡你所擁有的全部力量呢？」小男孩十分委屈地說：「但是，我已經用盡我的全部力量了。」，「不對，兒子。」父親親切地說，「你並沒有用盡你所擁有的全部力量，你並沒有請求我的幫助啊。」說完，父親彎下腰，抱起那塊大石頭，把它搬出了沙坑。所以聰明人當感到自己再也堅持不下去的時候，不會一味蠻幹或輕易放棄，他們會轉變一下思路，嘗試其他的方法，或者向別人求教或求助。

2、聰明人在處理問題時善於抓關鍵

有這樣一則笑話：動物園裡新來了一隻袋鼠，牠被關在一片由一公尺高的木欄圍著的草地上。第二天一早，袋鼠的飼養員來照看牠時，發現袋鼠正在木圍欄外面的灌木叢中蹦蹦跳跳，於是他趕忙把牠捉了回來，然後把木圍欄的高度加到兩公尺。第三天早上，當飼養員又來給袋鼠餵食時，他發現袋鼠還在木圍欄外面玩耍。他氣壞了，心想這只袋鼠太淘氣了，便又把袋鼠捉了回來，然後把木圍欄的高度增加到三公尺。袋鼠圍欄的旁邊是長頸鹿的圍欄，裡面的長頸鹿問袋鼠說：「依你看，你的飼養員要把圍欄加高到多少公尺呢？」袋鼠回答說：「不好說，也許五公尺，也許七公尺，也許一百公尺。關鍵是要看他什麼時候能記得把圍欄的門鎖上。」

看事情只注重表面，自然會得出錯誤的結論。本質不變，再改變外表也是徒勞。

在解決問題的時候，聰明人總是極力避免犯「治標不治本」的錯誤，他們善於抓住關鍵，「釜底抽薪」，「一步到位」。

3、不依靠鑰匙開門

有位富翁有兩個兒子。隨著時間流逝，富翁逐漸年老。

這些日子富翁一直在苦苦思索，到底讓哪個兒子繼承遺產？富翁百思不得其解。想起自己白手起家的青年時代，他忽然靈機一動，找到了考驗他們的好辦法。

他鎖上宅門，把兩個兒子帶到一百里外的一座城市裡，然後給他們出了個難題，誰答得好，就讓誰繼承遺產。

他交給他們一人一串鑰匙、一匹快馬，看他們誰先回到家，並把宅門打開。馬跑得飛快，所以兄弟兩個幾乎是同時回到家的。但是面對緊鎖的大門，兩個人都犯愁了。

哥哥左試右試，苦於無法從那一大串鑰匙中找到最合適的那把；弟弟呢，則苦於沒有鑰匙，因為他剛才光顧了趕路，鑰匙不知什麼時候丟在了路上。兩個人急得滿頭大汗。

突然，弟弟一拍腦門，有了辦法，他找來一塊石頭，幾下子就把鎖砸了，他順利進去了。自然，繼承權落在了弟弟手裡。

哥哥不服氣，但是父親的一番話讓他心服口服：「人生的大門往往是沒有鑰匙的，在命運的關鍵時刻，人最需要的不是墨守陳規的鑰匙，而是一塊砸碎障礙的石頭！」

故事中的小兒子不愧是一個聰明人。用鑰匙開門是誰都能夠想到也很容易做到的事，但能夠轉化一下思路，不依靠鑰匙開門，才算得上聰明。

4、每個人都應該學會選擇

有這樣一則寓言：牧場上，一頭毛驢要吃草，在牠左右兩邊各放著一堆青草。豈料，毛驢犯了難，先吃這一堆還是先吃那一堆呢？最後毛驢在猶豫不決中餓死了。

《聊齋誌異》中的一則故事更耐人尋味：兩個牧童在深山老林中，發現兩隻小狼崽。他倆各抱一隻分別爬上大樹，兩樹相距數十步。片刻，老狼來尋子。一個牧童在樹上掐小狼耳朵，弄得小狼嚎叫連天，老狼聞聲奔來，氣急敗壞地在樹下亂抓亂咬。此時，另一棵樹上的牧童擰小狼崽的腿，這隻小狼崽也連聲嚎叫，老狼又聞聲趕去……就這樣老狼不停地奔跑於兩棵樹之間，終於累得氣絕身亡。

驢餓死，狼累死，其原因是共同的：不會選擇。人也一樣，一個人一生中的每時每刻，其實都是在選擇中度過的。

5、先把重要的事情做好

有一位教授在桌子上放了一個裝水的罐子。然後又從桌子下面拿出一些正好可以從罐口放進罐子裡的「鵝卵石」。當教授把石塊放完後問他的學生道：「你們說這罐子是不是滿的？」

「是！」所有的學生異口同聲地回答說。

「真的嗎？」教授笑著問。然後再從桌底下拿出一袋碎石子，把碎石子從罐口倒下去，搖一搖，再加一些，再問學生：「你們說，這罐子現在是不是滿的？」這回他的學生不敢回答得太快。

最後班上有位學生怯生生地小聲回答道：「也許沒滿。」

「很好！」教授說完後，又從桌下拿出一袋沙子，慢慢地倒進罐子裡。倒完後，於是再問班上的學生，「現在你們再告訴我，這個罐子是滿的呢？還是沒滿？」

「沒有滿。」全班同學這下學乖了，大家很有信心地回答說。

「好極了！」教授再一次稱讚這些「孺子可教」的學生們。稱讚完後，教授從桌底下拿出一大瓶水，把水倒在看起來已經被鵝卵石、小碎石、沙子填滿了的罐子。

當這些事都做完之後，教授正色問他班上的同學：「我們從上面這件事情中學到什麼重要的功課？」

班上一陣沉默，然後一位自以為聰明的學生回答說：「無論我們的工作多忙，行程排得多滿，如果要擠出時間的話，還是可以多做些事的。」

教授聽到這樣的回答後，點了點頭，微笑道：「答案不錯，但並不是我要告訴你們的重要信息。」說到這裡，這位教授故意停頓，用眼睛向全班同學掃了一遍說：「我想告訴各位最重要的信息是，如果你不先將大的鵝卵石放進罐子裡去，你也許以後永遠沒機會再把它們放進去了。」

顯然，教授是一個聰明人。他知道，每一天我們都在忙；每一天我們所做的事情好像都很重要；每一天我們都不斷地往罐子裡灌進小碎石或沙子。他提醒我們一定要考慮清楚：什麼是你生命中的「鵝卵石」？

我們都很會用小碎石加沙和水去填滿罐子，但是只有聰明人才懂得應該先把「鵝卵石」放進罐子裡的重要性，他們總是能善於區分事情的輕重緩急，努力把重要的事情先做好，因此，常常能夠取得比別人更大的成績。

Part2

目標準確 堅持不懈

鍥而不捨克服困難

如果有誰向我們說：一個中樞神經殘廢，肌肉嚴重衰退，失卻了行動能力，手不能寫字，話也講不清楚，終生要靠輪椅生活的青年，憑借一個小書架、一塊小黑板，還有一個他以前的學生做助手，竟然在天文學的尖端領域——黑洞爆炸理論的研究中，通過對「黑洞」臨界線特異性的分析，獲得了震動天文界的重大成就。對此，你一定會感到驚奇。然而，這卻是不容置疑的事實，他為此榮獲了一九八〇年度的愛因斯坦獎金。

他的名字叫史蒂芬・霍金，是個英國人，當時只有卅五歲。更有趣的是，作為天文學家，他從不用天文望遠鏡，卻能告訴我們有關天體運動的許多祕密。他每天被推送到劍橋大學的工作室裡，做著他饒有興趣的研究工作。

我們常常驚歎那些專業知識的底子甚薄、然而在某些或某一個特殊方面、特殊領域成就卓著的「鬼才」。其實，奇人霍金的研究方式和研究手段，以及他借此而獲得的卓越成就，說明世間還有另一類「鬼才」，即由於殘疾等方面不幸的折磨和求生慾望的熾烈而激發的特殊洞察力或特異才能。他們是一種聰明人。他們知道，只要人的精華——思維著的大腦依然蓬勃地工作著，就有無可限量的人生希望和創造潛力，就不存在不能克服的困難。在這裡，悲觀或者樂觀、堅強或者懦弱、前進還是退卻、依附還是自立，像效率可靠的閥門一樣，給殘疾人的生存智慧開啟著成功之路或自暴自棄的際遇。

霍金贏得了科學界公認的理論物理學研究的最高榮譽。就是體魄健全、研究工作條件一流的理論物理學的研究工作者們，又能有幾個獲得這樣的殊榮？這似乎暗示著，對真正的聰明人來說，不論他的生存條件如何，都不會自我磨滅自身潛藏的智能，不會自貶可能達到的人生高度。他會鍥而不捨地去克服一切困難，發掘自身才能的最佳生長點，揚長避短、踏踏實實地朝著人生的最高目標堅定地前進！

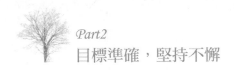

接受信心的挑戰

聰明人的一個特徵是目光遠大，自信心強。包玉剛就是這樣一個聰明人。

包玉剛生前是雄踞「世界船王」寶座的華人巨富。他所創立的「環球航運集團」，在世界各地設有廿多家分公司，曾擁有兩百多艘載重量超過兩千萬噸的商船隊。他擁有的資產達五十億美元，曾位居香港十大財團的第三位。包玉剛的平地崛起，令世界上許多大企業家為之震驚：一個華人結束了洋人壟斷國際航運的歷史。他靠一條破船起家，經過無數次驚濤駭浪，度過一個又一個難關，終於建起了自己的「航運王國」。回顧一下他成功的道路，他在困難和挑戰面前所表現出的堅定信念，對我們每個人都有有益的啟示。

包玉剛不是航運家，他的父輩也沒有從事過航運業的。中學畢業後，他當過學徒、夥計，後來又學做生意。卅歲時升任上海工商銀行的副經理、副行長，並小有名氣。卅一歲時包玉剛隨全家遷到香港，他靠父親僅有的一點資金，從事進出口貿易，但生意毫無起色。他拒絕了父親要他投身房地產的要求，打算從事航運業。因為航運競爭激烈，風險極大，親朋好友紛紛勸阻他，以為他發瘋了。

但是包玉剛卻信心十足，他看好航運業並非異想天開。他根據在從事進出口貿易時獲得的信息，堅信海運將會有很大發展前途。經過一番認真分析，他認為香港背靠大陸、通航世界，是商業貿易的集散地，其優越的地理環境有利於從事航運業。卅七歲時包玉剛正式決心搞海運，他確信自己能在大海上開創一番事業。

包玉剛早有獨立創業的強烈意識。終於，他拋開了他所熟悉的銀行業、進出口貿易，投身於他並不熟悉的航海業。人們對他的識笑多於嘉許。的確，對於窮得連一條舊船也買不起的外行，誰也不肯輕易把錢借給他，人們根本不相信他會成功。他四處借貸，但四處碰壁，儘管錢沒借到，但他經營航運的決心卻更強烈了。後來，在一位朋友的幫助下，他終於貸款買來一條有廿年航齡的燒煤舊貨船。從此，包玉剛就靠這條整修一新的破船揚帆起錨，躋身於航運業了。

包玉剛一條破船闖大海，當時曾引起不少人的嘲弄。包玉剛並不在乎別人的懷疑和嘲笑，他相信自己會成功。他抓住有利時機，正確決策，不斷發展壯大自己的事業，終於成為世界上最大的私營船舶所有人。

古人說：「欲做精金美玉的人品，定從烈火中鍛來；思立掀天揭地的事功，須向薄冰上履過。」、「士人有百折不回之真心，才有萬變不窮之妙用。」聽明人懂得事業成功的過程，實質上就是不斷戰勝失敗的過程，尤其是成功的事業者，更是如此。

被楚莊王拜為令尹的孫叔敖，具有政治、經濟、軍事等多方面的卓越才能，然而他的仕途並非一帆風順，他曾經幾起幾落，但他「三為令尹而不喜，三去令尹而不憂」，的確是一個有宰相風範的聰明人。在人們的心目中，諸葛亮簡直可謂聰明人的代表，可是細讀過《三國演義》的人，都不難發現：諸葛亮原來是個常敗統帥。他不僅有「棄新野，走樊城，敗當陽，奔夏口」的敗跡，而且大敗仗打得也不少，尤其是他晚年全力以赴組織的六出祁山，也都以失敗而告終。

諸葛亮尚且如此，何況普通人呢？所以說，任何一項事業要取得成就，都難免要遇到困難和挫折。欲成就大事業者，能否經受住錯誤和失敗的嚴峻考驗，是一個非常關鍵的問題。缺乏決心和信心常成為成功的最大障礙。

拿破崙說過：「勝利，是屬於最堅忍的人。」新大陸的發現者哥倫布也說過：「堅忍之心，是成功的根基。」我國古代「愚公移山」和「鐵杵磨針」的寓言故事，都說明了堅定的性格對於取得事業最終勝利的重要意義。一個人如果沒有向目標銳進的堅定意志，他的勞動就不可能是完全有成效的。許多人在事業中遇難而退，半途而廢，以至功虧一簣，其教訓就在於缺乏堅定性。有時看來，成績只決定於個人的能力和有利的環境條件，而事實卻不完全是這樣的。當然，誰也不否定能力的作用。可是一個人如果沒有堅定的意志，如果他不善於系統地、頑強地工作，而是搖擺不定，猶猶豫豫，五分鐘熱度，一遇困難就打退堂鼓，即使他有超人的能力，也不能保證達到既定的目標。

聰明人都具有堅定的性格，這使得他們能夠把精力集中於一個特定的目標，長期地為之奮鬥，從而把自己的努力用一根主線連接起來，使他們的成果得以在一個方面累積起來。性格不堅定的人，往往容易隨波逐流，造成精力的耗散；前後的努力連接不起來，到頭來是在哪個方向上都沒有獲得豐收。

堅定的性格，能夠幫助我們在事業上取得更大的成績。一般來說，人們取得的成就和他所克服的困難成正比，克服的困難愈大，成就也就愈高。性格不堅定的人，碰到大的困難就裹足不前、動搖後退，他們只能做那些容易取得成功的事。堅定的性格卻使人在困難面前毫不動搖、頑強前進，他們能夠征服大的困難，因而往往取得大的成果。

堅定的性格，可以增強人們的勇氣和力量。性格堅定的人是堅強勇敢、無所畏懼的，無論阻力多麼大，無論環境顯得多麼困難，他也不會有絲毫的動搖，一定要把認準的追求堅持到底。

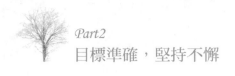

堅定的性格，使聰明人顯得有骨氣，充分顯示出做人的尊嚴。性格堅定的聰明人目標明確而堅定，不是非驢非馬、非此非彼、模糊不清的人，也不是朝三暮四，只要他認準了是正確的追求，在任何情況下都能不懈地為之奮鬥和獻身。在堅持原則、堅持真理的時候，他堅如磐石，具有高度的原則性，決不見風使舵，放棄目標。

堅定的性格，使聰明人能夠靈活而又具有原則。堅定並不排斥靈活，而是和靈活相輔相成。建立在堅定性格基礎上的靈活，才不至於流於輕浮；而和靈活融合到一起的堅定，才不至於變成固執。在高速發展變化的現代社會，只有把堅定性和靈活性很好地統一起來的聰明人，才能餃不隨風飄蕩，又不固執己見，從而在社會生活中始終沿著正確的軌道前進。

堅定的性格，還來源於聰明人的首倡性和獨立性。所謂首倡性、獨立性，就是習慣於不依賴別人，而是依靠自己的獨立分析和判斷，提出創造性的意見，並果敢地加以執行。具有首倡性和獨立性的人，辦事才能有主見。任何事情，只要是自己提出要做的，或自己認為應當做的，就會堅定不移地做下去；如果僅僅是別人叫做的，或者看到其他人做才跟著做，那就容易動搖，不易堅持到底。缺乏首倡性和獨立性的人，辦事無主見，易受別人影響，人們能很容易地說服他放棄自己的意見，他們辦事情也就不可能是非常堅定的。

聰明人的堅定不同於固執。如果拒絕別人的任何影響，毫無根據地對抗來自別人的一切，或者明知行不通，還是不顧一切地蠻幹到底，那就不是堅定，而是固執了。堅定和固執的區別就在於能不能理智地處理問題。不論怎樣明白的論據，要勸說固執的人是很困難的；但意志堅定的人，只要理由充分，就可以被說服。固執的人，表面看來堅定得很，實際上卻正是意志薄弱的表現。他一方面不顧一切地按照自己的方式行動，拒絕別人的勸告；另一方面行動又常常跟自己的理智相牴觸。他不善於使自己的行動服從理智，而是感情用事。理智不能戰勝感情，行動不能冷靜深思，可見這種固執與堅定的性格毫無共同之處。堅定會幫助一個人成功，而固執則會毀掉一個人的成功。

聰明人和頑固不化的「死心眼」、「固執狂」有顯著的區別，他們的堅定性格是把堅定和靈活有機地結合起來的。

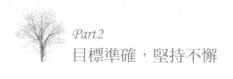

時運不濟也永不絕望

李・艾柯卡曾是美國福特汽車公司的總經理，後來又成為克萊斯勒汽車公司的總經理。作為一個聰明人，他的座右銘是：「奮力向前。即使時運不濟，也永不絕望，哪怕天崩地裂。」他一九八五年發表的自傳，成為非文學類書籍中有史以來最暢銷的書，印數高達一百五十萬冊。

艾柯卡不光有成功的歡樂，也有挫折和懊喪。他的一生，用他自己的話來說，叫做「苦樂參半」。一九四六年八月，廿一歲的艾柯卡到福特汽車公司當了一名見習工程師，但他對和機器作伴、做技術工作不感興趣；他喜歡和人打交道，想搞經銷。

艾柯卡靠自己的奮鬥，由一名普通的推銷員，終於當上了福特公司的總經理。但是，一九七八年七月十三日，他被妒火中燒的大老闆亨利・福特開除了。當了八年的總經理，在福特工作已卅二年，一帆風順，從來沒有在別的地方工作過，突然間失業了。昨天他還是英雄，今天卻好像成了麻瘋病患者，人人都遠遠避開他，公司裡的所有朋友都拋棄了他，這是他生命中受到的最大的打擊。「艱苦的日子一旦來臨，除了做個深呼吸，咬緊牙關盡其所能外，實在也別無選擇。」艾柯卡是這麼說的，最後也是這麼做的。他沒有倒下去，他接受了一個新的挑戰：應徵到瀕臨破產的克萊斯勒汽車公司出任總經理。

艾柯卡，這位在世界第二大汽車公司當了八年總經理的事業上強者，憑他的智慧、膽識和魄力，大刀闊斧地對企業進行了整頓、改革，並向政府求援，舌戰國會議員，取得了巨額貸款，重振企業雄風。一九八三年八月十五日，艾柯卡把面額高達八億多美元的支票，交給銀行代表手裡，至此，克萊斯勒還清了所有債務；而恰恰是五年前的這一天，亨利·福特開除了他。

如果艾柯卡不是一個聰明人，不敢勇於接受新的挑戰，在巨大的打擊面前一蹶不振、偃旗息鼓，那麼他和一個普通的下崗職工就沒有什麼區別了。正是不屈服挫折和命運的挑戰精神，使艾柯卡成為了一個世人所敬仰的聰明人。

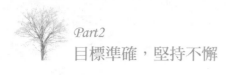

用「確定的目的」培養成功意識

幾十年前，一位青年住在美國猶他州的首府鹽湖城，靠近大鹽湖。他是一個勤勉的人，工作非常努力，生活非常節儉，他的所有朋友都對他的良好習慣讚不絕口。然而有一天，他做了一件反常的事，使得許多人都懷疑他的判斷是否明智。

他從銀行裡取出他的全部積蓄，一共有四千多美元，到紐約市汽車展銷處，買了一部新車。在人們看來，僅此似乎還不足以顯示他的「愚蠢」。更有甚者，當他把新車開回家後，就把車開進他的車庫裡，頂起四個車輪，動手拆卸汽車，一件一件地拆，直到整個車庫擺滿七零八落的汽車零件。他仔細地檢查了每個零件，然後又把汽車裝好。人們覺得他簡直發瘋了，而他卻不只是一次，而是多次拆卸汽車，再把汽車裝好。大惑不解的人們開始嘲笑他了。

幾年後，那些嘲笑過他的人不得不改變看法，並已深信不疑——他是一個聰明人！這個反覆動手拆裝汽車的青年就是沃爾特・珀西・克萊斯勒。他開始製造汽車，他的產品領導了整個汽車工業，他在汽車這個領域裡還做了許多有價值的改進和革新。他成功了。

聰明人知道，每件存在的事物在開始時只是一個想法。

你有許多偉大的想法，你只需要讓你頭腦中的雜音沉寂下來，讓你靜靜地傾聽。

沒有人知道，今天的一個偉大想法或主意將走得多遠，或者，明天它將觸及何人。

發人深省的思想創造發人深省的夢想。

幾乎所有成功的故事皆始於一個偉大的想法，這個想法滋養著人的信念。而許多擁有成功故事的人物，面對的是最大的逆境。成功意識戲劇般地把一個極普通的青年推入正在成長中的汽車工業浪潮中，並且把他高高地推到浪尖上，使他用新觀念領導他的整個領域。克萊斯勒的「瘋狂」中蘊含著一種目的、一種方法。他的「確定的目的」有效地培養了他的成功意識，使他大膽開拓，走向成功的巔峰。他不愧是一個聰明人。

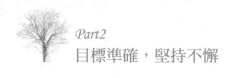

適當嘲笑自己的失敗

明白人性格豁達，淡泊明志，寵辱不驚，生死泰然。美國作家拉馬斯・卡萊爾就是一個明白人。

一天，卡萊爾的《法蘭西革命》一書手稿，被女僕誤作為引火材料燒燬了。幾年辛勞，付諸東流。一時間，卡萊爾不免捶胸頓足起來。沒多久，他那了不起的心理承受力，對滅頂之災釋然一笑的樂觀胸襟，使這位作家跨越了危機，重新振作起來。後來，他重新一字一句地寫完了這本書。此書為大眾認可，成了經久不衰的名著。

明白人知道，一個人要能自在地生活，心中就需要多一份坦然。笑對人生的人比起在曲折面前悲悲戚戚的人，始終堅信前景美好的人較之心頭常常密布陰雲的人，更能得到成功的垂青。

托馬斯・愛迪生也是一個明白人。

一九一四年十二月的一天晚上，愛迪生在新澤西州某市的一家工廠失火，將愛迪生近一百萬元的設備和大部分研究成果燒得乾乾淨淨。第二天，這位六十七歲的發明家在他的希望與理想化為灰燼之後，來到現場。大家都用同情和憐憫的眼光看著他，而他卻鎮定自若地對眾人說：「災難也有好處，它把我們所有的錯誤都燒光了，現在可以重新開始。」正是這種超凡脫俗的樂觀心態，使這位大發明家在事業上步步邁向成功。

馬克・吐溫被評論家們稱羨為美國最偉大的愛開玩笑的人。其實，作為美國最深刻的哲學家之一，他也是一個明白人。

馬克・吐溫從小就接觸到生活的種種悲劇：兩個哥哥和一個姐姐，在他年輕時相繼死去；他的四個孩子，一個個先他而去。他飽嘗了生活的苦楚，可他堅信，如果我們以歡笑為止痛劑來減輕失敗的苦痛，我們也能得到樂趣。我們可以適當地使自己處於超然的地位，來觀賞我們自身痛苦的情景。

在沉重的打擊面前，明白人有處變不驚的樂觀心態，這樣就能戰勝沮喪，化坎坷崎嶇為康莊大道。明白人知道，你可能一時丟掉了原本屬於你的東西，或是毀了一次機會，但是，在精神上絕不能失望毀滅。冷靜而豁達，愉快而坦然是成功的催化劑，是另闢蹊徑、迎接勝利的法寶。

一個明白人說：「在生活的舞台上，學著像個演員那樣，感受痛苦；此外，也學著旁觀者那樣，對你的痛苦發出微笑。」微笑，可以使我們和痛苦保持距離，這是一種很高超的修養。適當地嘲笑我們的失敗和我們身陷其中的困境，可以幫助我們少受失敗和困境的傷害，幫助我們保持對自己和未來的信心。

笑臉迎接悲慘的命運

古人說：「天下事不如意者十常居八九。」這話不無道理。在生活的海洋中，事事如意、一帆風順地駛向彼岸的事情是很少的。或學習上遇到困難，或工作中受到挫折，或生活上遭到不幸，或事業上遭到失敗，這些都有可能發生。當不幸的命運降臨到我們身上的時候，我們應當怎麼辦呢？

唉聲嘆氣，自嘆「時運乖舛」，自認倒楣，這是一種態度。在打擊和磨難面前，僅僅停留於無休止的嘆息，不會幫助你改變現實，只會削弱你和厄運抗爭的意志，使你在無可奈何中消極地接受現實。

悲觀絕望，自暴自棄，這也是一種態度。一遇挫折就悲觀失望，承認自己無能，這是意志薄弱、缺乏勇氣的表現，也是自甘墮落、自我毀滅的開始。用悲觀自卑來對待挫折，實際上是幫助挫折打擊自己，是在既成的失敗中，又為自己製造新的失敗；在既有的痛苦中，再為自己增加新的痛苦。

怨天尤人，詛咒命運，這又是一種態度。現實總歸是現實，並不因為你埋怨和詛咒它而有所改變。遇到不幸的事，就惡語詛咒、怨天尤人，這是最容易的，但卻是最沒有用處的。埋怨和詛咒人人都會，但從埋怨和詛咒中得到好處的人卻從來沒有。事實上，在詛咒之中，真正受到傷害的並不是詛咒對象，而只是詛咒者本人。

而明白人性格豁達、淡泊明志，已達到了進退自如、寵辱不驚、生死泰然的境界。

中國近代文學家魯迅先生說得好：「偉大的胸懷，應該表現出這樣的氣概——用笑臉來迎接悲慘的命運，用百倍的勇氣來應付自己的不幸。」在生活中，倘若遭遇到不幸，明白人就會鼓起勇氣，振作精神，以剛毅的精神同厄運進行不屈的鬥爭。

在生活中的不幸面前，有沒有堅強剛毅的性格，在某種意義上說，也是區別明白人與庸人的標誌之一。巴爾扎克說：「苦難對於一個天才是一塊墊腳石，對於能幹的人是一筆財富，而對於庸人卻是一個萬丈深淵。」明白人在厄運和不幸面前，不屈服、不後退、不動搖，頑強地同命運抗爭，因而在重重困難中衝開一條通向勝利的路，成了征服困難的英雄，掌握自己命運的主人。而有的人在生活的挫折和打擊面前，垂頭喪氣，自暴自棄，喪失了繼續前進的勇氣和信心，於是成了庸人和懦夫。

培根說：「好的運氣令人羨慕，而戰勝厄運則更令人驚歎。」生活中，人們對於那些衝破困難和阻力、經受重大挫折和打擊而堅持到底的明白人，其敬佩程度是遠在生活的幸運兒之上的。征服的困難愈大，取得的成就愈不容易，就愈能說明你是真正的英雄。當接連不斷的失敗使愛迪生的助手們幾乎完全失去發明電燈泡的熱情時，愛迪生卻靠著堅忍不拔的意志，排除了來自各個方面的精神壓力，經過無數次實驗，才發明了電燈，終於為人類帶來了光明。愛迪生的超人之處，正在於他對挫折和失敗表現出了超人的頑強剛毅精神。

古羅馬哲學家塞尼卡有句名言：「真正的偉人，是像神一樣無所畏懼的凡人。」誰能以不屈的精神對待生活中的不幸，誰就能最終克服不幸。在不幸事件面前愈是堅強，愈能減輕不幸事件的打擊。貝多芬以他那孤獨痛苦、然而又是熱烈追求的一生，給世界留下一句名言：「用痛苦換來歡樂。」它曾經鼓舞無數人奮起和自己的不幸進行鬥爭。一個人能在任何情況下都勇敢地面對人生，無論遭遇到什麼，依然保持生活的勇氣，保持不屈的奮鬥精神，他就是生活中的強者，一個真正剛強的人，一個明白人。相反，有些人在失戀、失學、疾病，或工作中的挫折、失敗，或其他生活不幸事件的打擊面前，之所以一蹶不振、精神崩潰，弄到十分可憐的地步，原因之一就在於缺乏堅強剛毅的性格。

明白人相信，沒有一個人生而剛毅，也沒有一個人不可能培養出剛毅的性格。我們不要神化強者，以為自己成不了那種鋼鐵般堅強的人。其實，普通人所有的猶豫、顧慮、擔憂、動搖、失望等等，在一個強者的內心世界也都可能出現。魯迅彷徨過，伽利略屈服過，哥白尼動搖過，奧斯特洛夫斯基想到過自殺，但這並不排除他們是堅強剛毅的人。剛毅的性格和懦弱的性格之間並沒有千里鴻溝，剛毅的人不是沒有軟弱，只是他們能夠戰勝自己的軟弱。只要加強鍛鍊，從多方面對軟弱進行鬥爭，那就可能成為堅強剛毅的人。

性格的剛毅性是在個人的實踐活動過程中逐漸發展形成的，它孕育在切實的勞動中，成長在和困難的鬥爭裡。一方面，困難愈大，鬥爭愈艱巨、愈持久，愈能培養和鍛鍊剛強的性格；另一方面，平時的日常生活也能鍛鍊人的剛強。剛強意志並不是一朝一夕所形成，它是長期磨練、潛移默化的結果。像戰鬥英雄們在戰鬥中所表現出來的勇敢和剛強，並非來自戰場上一時的衝動；相反，在英雄平時的生活中，在他們千百件的日常小事中，就已經包含著剛強性格的因素了。

豁達的胸懷能使明白人剛強。人們常說對傷心事要想得開，什麼叫「想得開」呢？也就是要從傷心事中跳出來，從不同的角度看問題。有些人遭受挫折時，往往心眼太窄、太死，老從一個角度去看傷心事，越看越傷心，越想越洩氣。一個人在痛苦不堪時，應當能從自己的痛苦和傷悲中跳出來，放眼社會。這樣，你就會看到自己那一點痛苦不過是千百萬人都要碰到的一件很平常的事罷了。或者，把眼光放遠一點，從漫長的人生長河看今天，那就會感到人生坎坷尋常事，現時的挫折不過是人生中一段小小的彎路。隨著視野的開闊、觀察角度的更新，你的眼光就能超越眼前的痛苦和不幸，看到更遠的前程，整個生活的色彩在你眼裡也必將逐漸明朗起來。

一個明白人指出，如果你想培養自己承受悲慘命運的能力，你可以學著在自己的生活中採用下列技巧：

1、下定決心堅持到底

局面越是棘手，越要努力嘗試。過早地放棄努力，只會增加你的麻煩。面臨嚴重的挫折，只有堅持下去，加倍努力和增快前進的步伐。下定決心堅持到底，並一直堅持到把事情辦成。

2、不要低估問題的嚴重性

要現實地估計自己面臨的危機，不要低估問題的嚴重性。否則，去改變局面時，就會感到準備不足。

3、作出最大的努力

不要畏縮不前，要使出自己全部的力量來，不要擔心把精力用盡。成功者總是作出極大的努力，而面對危機時，他們卻能作出更大的努力，他們不去考慮什麼疲勞啦、筋疲力盡啦。

4、堅持自己的立場

一旦你下定決心要突然衝向前去，要像服從自己的理智一樣去服從自己的直覺。頂住家人和朋友的壓力，採取你所堅信的觀點，堅持自己的立場。是對是錯，現在就該相信你自己的判斷力和智慧了。

5、生氣是正常的

當不幸的環境把你推入危機之中時，生氣是正常的。一方面對你來說，重要的是要弄明白自己在造成這種困境中起了什麼作用；另一方面，你是有權利為了這些問題花了那麼多時間而惱怒的。

6、不要試圖一下子解決所有的問題

當經歷了一次嚴重的危機或像親人去世這樣的嚴重事件之後，在你的情緒完全恢復以前，要滿足於每次只邁出一小步。不要企圖當個超人，一下子解決自己所有的問題，要挑一件力所能及的事，就做這麼一件，而每一次對成功的體驗都會增強你的力量和積極的觀念。

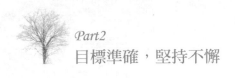

7、讓別人安慰你

無論局面好壞，失敗者總是一味地抱怨不停。結果當危機真的來臨時，人們很少會信以為真和安慰他們，因為人們已經習慣了他們的消極態度，就像那個老喊「狼來了」的孩子一樣。但是，如果你是個積極的人，平時能很好地應付自己的生活，那麼，在困境中，你可以放心地把自己的懊悔和恐懼告訴別人，給別人以安慰你的機會，你理當得到這種支持，而且對於自己這種請求，你完全可以感到坦然。

8、堅持嘗試

克服危機的方法不是輕易就能找到的。然而，如果你堅持不懈地尋求新的出路，願意在成功的可能性很低的情況下去嘗試，你就能找到出路。要保持自己頭腦的清醒，睜大眼睛去尋找那些在危機或困境中可能存在的機會，與其專注於災難的深重，莫若努力去尋求一線希望和可取的積極之路，即使是在混亂與災難中，也可能形成你獨到的見解，它將把你引導到一個值得一試的新的冒險之中。

量力而為，明瞭做人底線

有一位武術大師隱居於山林中。人們都千里迢迢慕名來尋找他，想跟他學些武術方面的竅門。他們到達深山的時候，發現大師正從山谷裡挑水。他挑得不多，兩隻木桶裡水都沒有裝滿。按他們的想像，大師應該能夠挑很大的桶，而且挑得滿滿的。

他們不解地問：「大師，這是什麼道理？」

大師說：「挑水之道並不在於挑多，而在於挑得夠用。一味貪多，適得其反。」

眾人越發不解。

大師從他們中拉了一個人，讓他重新從山谷裡打了兩滿桶水。那人挑得非常吃力，搖搖晃晃，沒走幾步，就跌倒在地，水全都灑了，那人的膝蓋也摔破了。

「水灑了，豈不是還得回頭重打一桶嗎？膝蓋破了，走路艱難，豈不是比剛才挑得還少嗎？」大師說。

「那麼大師，請問具體挑多少，怎麼估計呢？」

大師笑道：「你們看這個桶。」

眾人看去，桶裡畫了一條線。

大師說：「這條線是底線，水絕對不能高於這條線，高出這條線就超過了自己的能力和需要。起初還需要畫一條線，挑的次數多了以後就不用看那條線了，憑感覺就知道是多是少。有這條線，可以提醒我們，凡事要盡力而為，也要量力而行。」

眾人又問：「那麼底線應該定多低呢？」

大師說：「一般來說，越低越好，因為這樣低的目標容易實現，人的勇氣不容易受到挫傷，相反會培養起更大的興趣和熱情，長此以往，循序漸進，自然會挑得更多、挑得更穩。」

這位大師不愧是一個明白人，他世事通曉，參透了人生，認識到挑水如同習武，習武如同做人一樣。明白人往往不求成為英雄，但也不希望自己成為別人的禍害和包袱，這就是明白人做人的底線。

Part3
靈活的處世哲學

世故而成熟

在為人處世方面，精明人是「世故」的，而聰明人是「成熟」的。

在生活中，青年人總覺得為人處世難，渴望自己早一些成熟起來，可往往卻又無法分清成熟與世故的界限，而陷於世故的泥潭。那麼，到底怎樣區別成熟與世故呢？

成熟者能看到社會或人生的陰暗面，卻不被陰暗面所嚇倒，表面上沉靜而內心卻有一腔熱血。因為，面對黑暗面，有不平而不悲觀，既堅信希望在於將來，又執著於今天的努力。世故者也看到社會的陰暗面，但他們分不清主流和支流、本質和現象。他們因為曾在事業、理想、生活、愛情等方面遭受打擊或挫折便冷眼觀世，覺得人生殘酷，社會黑暗。他們自以為看透了社會和人生，以「眾人皆醉我獨醒」自居。在生活中，成熟與世故的區別具體表現為：

1、真誠與虛偽

成熟者知道社會是複雜的，因此人的頭腦也應當複雜些。遇事要自己思索、自己做主，不輕信、不盲從；與人交往，考慮複雜些而不失其赤子之心，「和朋友談心，不必留心」；如果遇見不熟悉的人，切不可一下子就推心置腹。可以多聽少談，等真正了解後才可以敞開心懷。這是魯迅先生待人的經驗之談。世故者由於過多地看到人生和社會的陰暗面，因而錯誤地認為人世間沒有真誠可言，把自己的內心世界封閉起來。對人外熱內冷，處處設防，奉行「見人只說三分話，未可全拋一片心」的處世原則。同友相交，虛與周旋。別人的事探聽尤詳，自己的事隔牆難聞，說給別人聽的，儘是些「不著邊際」的話。

2、互助和利用

成熟者在處理人與人的關係上，堅持互惠互利，互幫互進的態度，有福共享，有難同當，患難時見真情；世故者對周圍人採取於己有用者交往之，於己無用疏遠之的態度。交往的熱情，則同於己有用之程度成正比。即使是對同一個人也不例外，像果戈理小說《死魂靈》中的主人公乞乞科夫一樣，在剛當小職員時，百般討好巴結上司的麻臉女兒。而當博得上司的好感，當上了科長，站穩了腳跟之後，便馬上翻臉不認人。那個癡情的姑娘便成了他愚弄的對象。

3、堅持原則與看風使舵

成熟者遇事頭腦冷靜，堅持原則，有主見，知道自己該做什麼，堅持什麼。世故者觀風向、看氣候，見什麼人說什麼話，投人所好，八面玲瓏，採取「隨風倒」的處世方法。就如有人所刻畫的那樣：當世故者同多愁善感的人交際時，便把自己打扮成多愁善感的人，說話時，眼睛裡有時還會淚光閃閃；轉身同性格多疑的人交際，他又會裝得深沉起來，與對方一起分析別人如何有可能損人利己，奉勸對方應採取的態度和對付的方法來；而同率直爽情的人談話時，他又會馬上變得疾惡如仇，真想馬上為朋友兩肋插刀；然而同喜歡息事寧人、凡事調和的人在一起時，又顯得老謀深算，久經風霜的樣子，把那些正直的舉動，說成「簡單」和「幼稚」，彷彿一切發生的麻煩都是因他不在場而造成的。逢人迎合不吃虧，他中有我成「朋友」，是變色龍者的祕方。

4、面對現實和玩世不恭

成熟者對事敢於發表自己的意見，敢做敢當，有「捨我其誰」的大丈夫氣概，往往小事糊塗，大事清楚。世故者遊戲人生，採取滑頭主義和混世主義態度，專搞中庸，慣於騎牆。他們和人可以談天說地，但只是擺現象，不下結論，迫不得已時也有些不言而喻、「大家早已公認」的結論。遇有原則問題需要辨明時，則莫問是非曲直，要不然就是模稜兩可。與人意見不一時，便以「今天天氣……哈哈哈」的態度加以迴避。對於社會上存在的種種乖巧行為，雖知其隱祕，卻不露聲色，做冷眼旁觀者，既可明哲保身，又可留條退路。

5、奮進與沉淪

成熟者和世故者也許都經歷過生活的艱辛、人生的磨難，但前者把挫折當成奮飛的起點，重新認識社會與自我，奮進不已，後者則奉行「先前所憎惡、所反對的一切」，拒斥「先前所崇仰、所主張的一切」，或者乾脆對一切無所謂，企求超脫社會，也許還會同惡勢力同流合污。

成熟是人生成功的重要標誌，世故只能把人生引入歧路。世故在人際交往中留下的印象足不可信、不可靠和不可近。一個這樣的人，自然很難在人生舞台上有出色的表演。

因此，我們不要學精明人，在「世故」方面下功夫；要做一個聰明的人，讓自己成熟起來。

三思而後言

有這麼一個故事：

一個商人臨死前告誡自己的兒子：「你要想在生意上成功，一定要記住兩點：守信和聰明。」

「那麼什麼叫守信呢？」焦急的兒子問道。

「如果你與別人簽訂了一份合約，而簽字之後你才發現你將因為這份合約而傾家蕩產，那麼你也得照約履行。」

「那麼什麼叫聰明呢？」

「不要簽訂這份合約！」

這位商人指明的道理不僅僅適用於商業領域。既然你已經許下諾言，那麼不管是什麼樣的情況，你都不能反悔。假如你已經作了某個承諾，尤其是關於人們的未來及前途方面的承諾，你就必須履行諾言而不能失信。你的話將被人們一字不漏地牢記在心裡，直至它被履行的那一天。

但是怎樣才能做到不失信於人呢？「不要簽訂這份合約！」這是那位商人教誨兒子的辦法。

精明的商人留給兒子的為人原則是：為人，是要言而有信，然而卻並不是毫無原則的事情都要答應。

我們注意到，一個老成持重的精明人對於別人總是很少許諾。他往往等到事情成功的時候才宣布自己當初的計畫。對於這樣的人，由於他在自己心裡已經有了一個確定的主見，所以不管是什麼人，也難以勸說他接受一個相反的意見。由於對許諾相當看重，所以，自己在對別人作出保證前，應該「三思而後言」。俗話說「言多必有失」，是很有道理的。

不在乎他人得失

古時候，有兩個人在小酒館裡爭論，爭論的問題是恒山的「恒」字是唸作「ㄏㄥˊ」（恆）還是唸作「ㄏㄨㄢˊ」（桓）。兩個人各持己見，爭得是面紅耳赤，誰都堅信自己是絕對正確的。爭了大半天，他們誰也說服不了誰，就決定找第三個人評評理。他們發現鄰桌有位食客看上去頗有些學問，就請他評理。那個人聽了他們爭論的問題後，對主張念「ㄏㄥˊ」的人說：「你錯了！那個字確實念作『ㄏㄨㄢˊ』。」認為「恒」字念「ㄏㄨㄢˊ」音的人聽了很高興，於是兩個人不再爭論，各自散去了。後來，那個認為「恒」字念「ㄏㄥˊ」音的人悄悄地責問評理者說：「那個字根本就念『ㄏㄥˊ』，你怎麼瞎說呢！」沒想到評理者哈哈大笑後說：「恒山是不會因為我說了什麼而有所改變的，至於那個傢伙，就讓他糊塗一輩子了吧！」

沒想到人心竟然如此險惡！聽起來順耳話也許暗藏殺機，看來聽話聽音相當重要。

精明人精於打算，往往腦瓜靈，嘴也靈，能說會道，他們有時會因只顧自己的一時興趣，而漠視事實真相，也不去考慮別人的得失。

忠言不必逆耳

山頂上住著一位智者，他鬍子雪白，誰也說不清他有多大年紀。男女老少都非常尊敬他，不管誰遇到大事小情，他們都來找他，請求他提些忠告。但智者總是笑瞇瞇地說：「我能提些什麼忠告呢？」

這天，又有年輕人來求他提忠告。智者婉言回絕，但年輕人苦纏不放。智者無奈，他拿來兩塊窄窄的木條，兩撮釘子，一撮螺絲釘，一撮直釘。另外，他還拿來一個榔頭，一把鉗子，一個螺絲起子。

他先用榔頭往木條上釘直釘，但是木條很硬，他費了很大勁也釘不進去，反倒把釘子釘彎了，不得不再換一根。一會兒功夫，好幾根釘子都被他釘彎了。最後，他用鉗子夾住釘子，用榔頭使勁釘，釘子總算彎彎扭扭地進到木條裡面去了。但他也前功盡棄了，因為那根木條也裂成了兩半。

智者又拿起螺絲釘、螺絲起子和榔頭，他把釘子往木板上輕輕一釘，然後拿起螺絲起子轉了起來，沒費多大力氣，螺絲釘鑽進木條裡了，天衣無縫。

智者指著兩塊木板笑笑：「忠言不必逆耳，良藥不必苦口，人們津津樂道的逆耳忠言、苦口良藥，其實都是笨人的笨辦法。那麼硬碰硬有什麼好處呢？說的人生氣，聽的人上火，最後傷了和氣，好心變成了冷漠，友誼變成了仇恨。我活了這麼大，只有一條經驗，那就是絕對不直接向任何人提忠告。當需要指出別人的錯誤時，我會像螺絲釘一樣婉轉曲折地表達自己的意見和建議。」

「忠言不必逆耳，良藥不必苦口」是聰明人在人際交往中奉行的原則。

不該說的絕對不說

古時候，有個小國的使臣來到中國，向中國的皇帝獻上了三個一模一樣的金像。金像金光閃閃，造型逼真，做工特別精美，皇帝看了十分喜愛。可是，小國的使臣獻出金像後卻出了一道問題，要考一考中國皇帝。這個問題就是，這三個金像中哪一個最值錢？皇帝一時想不出答案，就召來宮中的珠寶工匠，要他們尋找答案。工匠們又是稱金像的重量，又是比較金像之間做工的差別，結果都是一模一樣，根本看不出哪一個金像最有價值。

一個泱泱大國居然連這個小問題都回答不上來，豈不是太讓皇帝丟面子嗎？

有一位老臣自告奮勇地說他有辦法。於是，皇帝把使臣請到大殿上，說是要告訴他答案。朝中的其他大臣也都聚集在大殿上，想看個究竟。只見那位老臣不慌不忙地從袖筒裡拿出三根稻草，成竹在胸地走到那三個金像前面，把第一根稻草插入第一個金像的一隻耳朵裡，這根稻草從金像的另一隻耳朵裡出來了；他又把第二根稻草插入第二個金像的耳朵裡，稻草從金像的嘴巴裡直接掉了出來；他再把第三根稻草插入第三個金像的耳朵裡，稻草進去後掉進了金像的肚子裡，什麼動靜也沒有。於是，老臣轉身對使者說：「這第三個金像是最有價值的吧。」使臣聽了啞口無言，這就是正確答案。這位大臣不愧是一個聰明人。

其實，最有價值的人不一定是凡事都說出來的人。聰明人凡事都心知肚明，但不該說的絕對不說出來。

◆重視人際關係，廣結善緣

聰明人的團隊意識一般較強，他們非常注重人際關係。美國著名成人教育家卡內基認為人際關係是成功的最重要的因素。他指出：一個人事業的成功，只有百分之十五是靠自己的專業技術，另外的百分之八十五要靠人際關係、處世技巧。外國成功學有「友誼網」之說。主要觀點是：喜歡別人又能讓別人喜歡的人，才是世界上最成功的人。成功的人大多喜歡廣泛交際，形成了自己的「友誼網」。比如，你要某人向自己推薦幾位朋友，如果這個人是個失敗的人，他向你推薦的朋友會非常有限。成功的人就不同了，他們會向你推薦一大堆朋友。由此顯示出成功者與失敗者在交友方面的差別。

聰明人知道，成功的人大多是有關係的人。這種關係網由各種不同的朋友組成。有過去的知己，有近交的新朋；有男的，有女的；有前輩，有同輩或晚輩；有地位高的，有地位低的；有不同行業的；有不同特長的；也有不同地方的……這樣的關係網，才是一面比較全面的網絡。在你的關係網中，應該有各式各樣的朋友，他們能夠從不同的角度為你提供不同的幫助；當然，你也要根據他們不同的需要為他們提供不同的幫助。這才是關係網應當具有的特徵。

聰明人相信，廣泛與人交往是機遇的源泉。交往越廣泛，遇到機遇的概率就越高。有許多機遇就是在與朋友的交往中出現的，有時甚至是在漫不經心的時候，朋友的一句話、朋友的幫助關心等等都可能化作難得的機遇。在很多情況下，就是靠朋友的推薦、朋友提供的信息和其他多方面的幫助，成功者才獲得了難得的機遇。

每一個偉大的成功者背後都有另外的成功者，沒有人是自己一個人達到事業的頂峰的。每一個聰明人都不會忽視人際關係。他們在與人交往方面，往往非常注意以下幾個方面：

1、主動與人聯繫，勤打電話

建立「關係」最基本的原則是：不要與人失去聯繫，不要等遇到麻煩時才想到別人。「關係」就像一把刀，常常磨才不會生銹。如果是半年以上不與某位朋友聯繫，你就可能已經失去這位朋友了。

因此，主動聯繫十分重要。試著每天打五到十個電話，不但能擴大自己的交際範圍，還能維繫舊情誼。如果一天打通十個電話，一個星期就有五十個，一個月下來，便可到達兩百個。你的人際網絡每個月大概都可能有十幾位朋友向你提供幫助。

2、經常進行感情投資，加強聯絡

你有沒有這樣的經歷：當你遇到困難時，你認為某人可以幫你解決，你本想馬上找他，但後來一想，好幾年沒有聯繫了，現在有求於人時就去找他，會不會太唐突了？甚至因為太唐突而遭到他的拒絕？

在這種情形之下，你不免有些後悔「平時不燒香，臨時抱佛腳」了。

法國有一本書名叫《小政治家必備》，書中教導那些有心在仕途上有所作為的人，必須起碼搜集二十個將來最有可能做總理的人的資料，並把它背得爛熟，然後有規律地按時去拜訪這些人，和他們保持較好的關係。這樣，當這些人之中的任何一個當上總理，自然就容易記起你來，甚至有可能請你擔任部長的職位。

這種手法看起來不大高明，但是非常合乎情理。一位政治家回憶說：一位被委任組閣的人受命伊始，心裡很是焦慮。因為一個政府的內閣起碼有七八名閣員。如何去物色這麼多的人？這的確是一件難事，因為被選中的人除了有才幹、經驗之外，最要緊的一點，就是要「和自己有些交情」。

現代人生活忙忙碌碌，沒有時間進行過多的應酬，日子一長許多原本牢靠的關係就會變得疏遠，朋友之間逐漸關係淡漠，這是很可惜的。所以，一定要珍惜人與人之間寶貴的緣分，即使再忙，也別忘了溝通感情。

很多人都有忽視「感情投資」的毛病，一旦關係好了，就不再覺得自己有責任去保護它了，特別是在一些細節問題上更加不留意。例如，該溝通的信息不溝通，該解釋的情況不解釋，總認為「反正我們關係好，解釋不解釋無所謂」，結果日積月累，朋友之間的關係也就疏遠了。

而更糟糕的是朋友之間關係親密以後，總是對另一方要求越來越高，以為別人對自己好是應該的；一旦稍有不周或照顧不到，就有怨言。長此以往，很容易損害雙方之間的關係。

可見，「感情投資」應該是經常性的，也不可似有似無。從生意場到日常交往，都應該處處留心，善待每一個關係夥伴兒，從小處細處著眼，時時落在實處。

3、「關係網」要好，不一定求大

有的人整天忙忙碌碌，認識很多人，整天忙於應付各種關係。人的精力是有限的，這時就要理順關係網。為了保持一張好的關係網，聰明人一般是這樣做的：

（1）**篩選**。把與自己的生活範圍有直接關係和間接關係的人記在一個本子上，把沒有什麼關係的記在另一個本子上，這就像是打撲克牌中的「埋底牌」，把有用的留在手上，把無用的埋下去。

（2）**排隊**。要對自己認識的人進行分析，列出哪些人是最重要的，哪些人是比較重要的，哪些人是次要的，根據自己的需要排隊。這就像打撲克牌中要「理牌」一樣，明白自己手裡有幾張主牌，幾張副牌，哪些牌最有力量。由此，你自然就會明白，哪些關係需要著重維繫和保護，哪些只需要保持一般聯繫和關照，從而決定自己的交際策略，合理安排自己的精力和時間。

（3）**對關係進行分類**。生活中一時有難，需要求助於人，事情往往涉及到很多方面，你需要很多方面的支援，不可能只從某一方面獲得。比如，有的關係可以幫助你辦理有關手續，有的則能夠幫助你出謀劃策，有的則能為你提供某種信息。雖然作用不同，但對你都可能是至關重要的，所以一定要進行分門別類，對各種關係的功能和作用進行分析、鑒別，把它們編織到自己的關係網之中。

4、隨時調整關係網

世上的一切事物，都處於不斷的運動、變化和發展之中。聰明人知道，我們的人際體系，如果不隨著客觀事物的發展而發展，就會逐步處於落後的、陳舊的甚至僵死的狀態。因此，一個合理的人際結構，必須是能夠進行自我調節的動態結構。動態原則反映了人際結構在發展變化過程中前後聯繫上的客觀要求。所以，要不斷檢查、修補關係網，隨著部門調整、人事變動應及時調整自己手中的關係，及時進行分類排隊，不斷從關係之中找關係，使自己的關係網一直處於高效運轉之中。

適應環境，游刃有餘

當人們進入工作崗位以後，面對的不僅是某些具體的工作，還有從事這些具體工作的人。對職業工作要進行適應，對工作中形成的人與人之間的各種關係，也需要進行適應，即人際關係的適應。

從某種意義上來說，工作是「死」的（具有一定的穩定性），比較容易適應；而人是「活」的，有思維能力，有喜、怒、哀、樂，有七情六慾，適應起來就比較困難，需要的時間也更長些。

在多數工作單位，各類人員年齡不同、經歷各異，文化修養亦有很大差異，體現出多方面、多層次的人際關係。各種利害、權力結構的作用尤其明顯。

聰明人特別重視人際關係，他們懂得，人際環境的適應，一般主要體現在與上司和同事關係的相處上。在與領導相處時，聰明人採取的基本原則是：

1、**尊敬**。尊敬就是維護上司的權威。不衝撞上司的喜好和忌諱；上司理虧時，要給他留個台階下；上司有錯時，不要當眾糾正；要與上司保持一定距離。

2、**讚美**。適度的讚美可贏得上司的青睞，縮短與上司的距離。恰到好處的讚美被譽為「具有魔術般的力量」、「創造奇跡的良方」。稱讚他人是一種內功，稱讚應讓人感覺到是發自內心的，而不是應付式的恭維、阿諛、拍馬屁。

3、**諒解**。站在以工作為重的立場上，設身處地為上司分憂，替他們著想。

4、**幫助**。在上司遇到困難時，伸出援助之手。

如果能做到這四點，你就可以在人際交往中處於游刃有餘的狀態。

在工作中，聰明人也非常重視與同事保持一種正常、融洽的關係。與同事交往中應注意以下幾方面：

1、**遇事多商量**。工作中會遇到許多需要相互協同完成的事，這時，不要自作主張，而要多和同事商量，以取得他們的配合。

2、**謙虛坦誠**。身為同事，地位相等，談話中切不可表現出高人一籌的樣子。即使不同意同事的意見，也應闡述理由，正面論述，切不可語帶譏諷。

3、**當面交換意見，消除誤解**。同事間隨時都可能產生矛盾，或意見相左。這時，應當面把自己的意見談出，來謀求相互的了解和協作，不可背後散布消息，互相攻擊。

4、多交流。平時盡可能多交談，聯絡感情。

合作就是幫助自己

成功之路有千萬條，但總有一些共同之處。聰明人認為，團結協作是許多成功人士的共同特性。

聰明人懂得，合作是一件快樂的事情。有些事情人們只有互相合作才能做成。美國加利福尼亞大學副教授查爾斯•卡費爾德對美國一千五百名取得了傑出成就的人物進行了調查和研究，發現這些有傑出成就者的共同特點之一就是：與自己競爭而不是與他人競爭。他們更注意的是如何提高自己的能力，而不是考慮怎樣擊敗競爭者。事實上，對競爭者的能力的擔心，往往導致自己擊敗自己。多數成功者關心的是按照他們自己的標準盡力工作，如果他們的眼睛只盯著競爭者，那就不一定取得好成績。

幫助別人就是強大自己，幫助別人也就是幫助自己，別人得到的並非是自己失去的。在失敗者固有的思維模式中，認為要幫助別人自己就要有所犧牲；別人得到了自己就一定會失去。比如你幫助別人提了東西，你就可能耗費了自己的體力，耽誤了自己的時間。

其實很多時候幫助別人，並不意味著自己吃虧。下面的這個故事就生動地闡釋了這個道理：

有一個人被帶去觀賞天堂和地獄，以便比較之後能聰明地選擇他的歸宿。他先去看了魔鬼掌管的地獄。第一眼看去令人十分吃驚，因為所有的人都坐在酒桌旁，桌上擺滿了各種佳餚，包括肉、水果、蔬菜等美味佳餚。然而，當他仔細看那些人時，發現他們臉上表情嚴肅，無精打采，而且皮包骨。每個人的左臂都捆著一把叉，右臂捆著一把刀，刀和叉都有四尺長的手柄。所以即使每一樣食品都在他們手邊，結果還是吃不到，一直在挨餓。然後他又去天堂，情況完全一樣：同樣的食物、刀、叉與那些四尺長的手柄。然而，天堂裡的居民卻都在唱歌、歡笑。這位參觀者困惑了。他思索為什麼情況相同，結果卻如此不同。在地獄的人都挨餓而且可憐，可是在天堂的人吃得很好而且很快樂。最後，他終於看到了答案：地獄裡的每一個人都試圖餵自己，可是一刀一叉以及四尺長的手柄根本不可能吃到東西；天堂上的每一個人都是餵對面的人，而且也被對方的人所餵，因為互相幫助，結果幫助了自己。

這則故事告訴人們：如果你幫助其他人獲得他們需要的東西，你也因此而得到想要的東西，而且你幫助的人越多，你得到的也越多。

下面這則故事也說明了給予與索取的關係：一個生氣的男孩向他媽媽大喊他恨她，然後他又害怕受到懲罰，就跑出家，來到山腰上對著山谷大喊：「我恨你！我恨你！我恨你！」山谷傳來回應：「我恨你！我恨你！我恨你！」男孩吃了一驚，跑回家去告訴他媽媽說，在山谷裡有個可惡的小男孩對他說恨他。於是他媽媽就把他帶回山腰上並讓他喊：「我愛你！我愛你！」男孩按他媽媽說的做了，這回他發現有個可愛的小男孩在山谷裡對他喊：「我愛你！我愛你！」

生活就像山谷回聲，你付出什麼，就得到什麼；你耕種什麼，就收穫什麼。

俗語說得好：「人多力量大」，「眾人拾柴火焰高」。一群人一起工作，如果全力以赴，組織有序，就能在有限的時間裡取得引人注目的成就。

競爭與合作，互為一體

現代社會是一個充滿競爭的社會。競爭是指為了自己的利益而與他人爭勝。「物競天擇，適者生存」，這是競爭的本質和普遍規律，也是自然界、人類社會得以前進的動力所在。可以說，競爭是無處不有、無時不在。合作是指兩個或兩個以上的人為了完成一項工作而團結一致，齊心協力。競爭者與合作者作為競爭與合作的主體及對象，與競爭合作相伴而生、相伴而滅。

合作與競爭看似水火不相容。但是聰明人會發現，合作與競爭有許多相通的地方。合作與競爭，可以說伴隨著人類的出現而同時出現。隨著時間的推移和社會的進步，合作與競爭的趨勢在增強。而且，隨著人類生存空間的不斷拓展，交往的不斷擴大，人與自然鬥爭的不斷深化、科技的不斷發展，合作與競爭的聯繫也在日益加強。在向知識經濟時代過渡的征途中，高科技的發展水平和發展速度已經超乎了人的想像，通訊、交通等的發展使人們之間的溝通與交流變得空前容易，不論是國與國之間、組織與組織之間，抑或是具體的個人之間，競爭與合作已經成為了不可逆轉的大趨勢。實際上，任何一個人，任何一個民族、國家都不可能獨自擁有人類最優秀的物質與精神財富。而隨著人們相互依賴程度的進一步加深，那種一人打天下的思想多少顯得有些幼稚。

聰明人知道，每個人的能力都有一定限度，善於與人合作的人，能夠彌補自己能力的不足，達到自己原本達不到的目的。

有一句名言：「幫助別人往上爬的人，會爬得最高。」如果你幫助另一個孩子上了果樹，你因此也就得到了你想嘗到的果實，而且你越是善於幫助別人，你能嘗到的果實也就越多。

但是有些人認為，財富總是有一定的限度，你有了，我就沒有了。這是一種享受財富的哲學，而不是一種創造財富的哲學。財富創造固然是為了分享的，但是我們的注意力並不在這裡，我們更關注的是財富的創造。

同樣大的一塊蛋糕，分的人越多，自然每個人分到的就越少。如果這樣斤斤計較，我們就會相信享受財富的哲學，我們就會去爭搶食物。但是聰明人採用的是另一種思路：如果我們是在聯手製作蛋糕，那麼，只要蛋糕能不斷地往大處做，我們就不會為眼下分到的蛋糕太小而倍感不平了。因為我們知道，蛋糕還在不斷做大，眼前少一塊，以後還可以再彌補過來。而且，只要聯合起來，把蛋糕做大了，根本不用發愁今後能否分到蛋糕。

合作就是個人或群體相互之間為達到某一確定目標，彼此通過協調作用而形成的聯合行動。而合作則是以尋求雙方都贏為目標的。

聰明人懂得在競爭的社會裡尋求積極的合作，因此，他們常常能夠比別人取得更大的成績。

學會說「不」

英國作家毛姆的小說中講過這麼一段耐人尋味的故事：一位小人物一舉成為名作家了，新朋老友紛紛向他道賀，成名前的門可羅雀同成名後的門庭若市形成了鮮明的對比。

毛姆為我們描繪了這樣一個場面：一位早已疏遠的老朋友找上門來，向你道賀，怎麼辦呢？是接待他還是不接待他？按照本意，自己實在無心見他，因為一無共同語言，二來浪費時間；可是人家好心好意來看你，閉門不見似乎說不過去。於是只好見他了。見面後，對方又非得邀請你改日到他家去吃飯。儘管你內心一百個不願意，但盛情難卻，你不得不佯裝愉悅地應允了。在飯桌上，儘管你沒有敘舊之情，可是又怕冷場，於是又得強迫自己無話找話。這種窘迫相可想而知……來而不往非禮也，雖然你不再願意同這位朋友打交道，但你還是不得不提出要回請朋友一頓。你還得苦心盤算：究竟請這位朋友到哪家飯店合適呢？去第一流的大酒店吧，你擔心你的朋友會疑心你是要在他面前擺闊；找個二流的吧，你又擔心朋友會覺得你過於吝嗇……

也許藝術有所誇張，但生活中的確不乏與故事中類似的人物，他們不善於拒絕別人怕傷害彼此的友誼，於是經常違心地答應別人的要求，結果不僅浪費了大量時間，自己也經常覺得不自在。

而聰明人在處理人際關係方面則游刃有餘，他們知道學會拒絕別人可以節省大量的時間，避免許多不必要的麻煩。

誠然，與人交往和幫助別人是重要的，尤其是主動的幫忙更會受到歡迎。但是，如果您是被某種心理的壓力所迫，對一切都點頭答應，實際上是在屈服於另一種性質的某些動機，例如需要得到別人接受或讚揚、害怕給別人帶來不快和麻煩、希望別人對你感恩，有朝一日得到報答……等等。而要珍惜時間，就應該學會說「不」。

在以下場合，聰明人知道該說「不」：

1、別人所期待的幫助是完全出於只考慮他個人利益的時候

假如一個朋友打算請你深夜開車送他到機場，而你確信他可以搭計程車去；如果你去送他，不但影響一夜睡眠，還會影響次日安排。這時你就要考慮拒絕。當然，如果他是順路想搭你的車，只是要你等他幾分鐘的話，你就應盡力幫忙。

2、有人試圖讓你代替完成其分內工作時

偶爾為別人替一兩次班關係不大，但如果形成習慣，別人就會對你產生依賴性，變成你義不容辭的義務。

3、你準備晚上寫點東西或做點家務，朋友卻邀請你去打牌

如果是千里之外的朋友偶然來聚當然另當別論。

當然，生活中的類似情況遠不止列出的這些，總之，只要聰明人感到可能給自己帶來某些不方便，就會考慮說「不」，除非因此會給別人帶來更大的麻煩。

也許你會說：我何嘗不想拒絕，但該怎樣拒絕呢？聰明人提出了以下幾點建議：

1、立即答覆，不要使對方對你抱有希望

要打消為避免直接拒絕而尋找脫身之計的念頭。請不要說：「我再想想看」，或「我看看到時候行不行」等等。明確地告訴對方：「實在抱歉，這是不行的。」

2、如果您想避免生硬的拒絕，就提出一個反建議

假如朋友打電話問道：「今天晚上去跳舞吧！」你不想去，就可以說：「哎呀！今天晚上可不行，改日我邀請你吧。」

3、不要以為每次都有必要說明理由

在很多時候，你只要簡單地說一句：「我實在有更要緊的事要做。」就可得到絕大多數人的諒解。

只要我們充分認識到過多參與不必要應酬的危害，知道自己在什麼情況下該拒絕別人，並且在拒絕的時候採取正確的方法，我們就能因此而節省大量的時間，而且不至於因此事而影響與他人的關係。

調節人際交往的「期望值」

所謂「期望值」是指人們希望自己所想或所做的事情達到成功的一種比值。人們在社會交往中，都希望自己所想或所做的事情獲得成功，但客觀事實又往往不遂人願。有的事成功，有的事沒有成功；有的事一定意義上或部分的成功，有的事卻完全辦糟了。事情成功了，令人興奮；事情沒有成功或辦糟了，叫人懊惱、悲傷。尤其是辦事前寄予成功的「期望值」越大，而一旦事情沒有成功或辦糟之後，其失落感就越強，心理上越得不到平衡，由此內心的悲傷、痛苦愈強烈。如此狀態，勢必影響工作，妨礙身心健康，貽害無窮。因此，聰明人在社會交往中，知道如何調整好自己的「期望值」，把其調節在最恰當的位置，他們知道從以下幾個方面努力：

1、對自己本身有個正確的評價

古人云：「知己知彼，百戰不殆。」你對自己都沒有一個正確的、客觀的認識，連自己的「底」都不清楚，盲目地瞎撞，就不可能獲得成功。

2、對自己所想或所做的事以及與之相關的各方需要有個全面、客觀的分析

曾經有個男青年，自己才能、相貌平平，卻偏偏愛上一個剛轉來的女大學生，對這位漂亮的已有對象的姑娘大獻慇勤，卻屢遭拒絕，最後歸於失敗。他自己也因此害了「單相思」。這位男青年對自己所想念的異性寄予的「期望值」太高，而沒有冷靜分析自己的不利因素（如才能上的差異、對方已有男朋友等），以至積慮成疾。

3、事前要有成功與不成功的兩種思想準備

無論是結交他人，還是辦事情，都將有成功與不成功的兩種可能。對事情只想到成功，而不想到失敗是不客觀、不現實的態度。幹練成熟的人，做任何事之前都有兩手準備。他們交友、辦事常常胸有成竹，不因事情順利而沾沾自喜、忘乎所以；也不因事情受挫而悲觀失望、牢騷滿腹。比如作為一個冷靜成熟的談判者，就應該有兩種準備，不要把成功的「期望值」定得太高或太低。太高，你就會麻痺大意，談判前需要準備的材料和應商定的對策，你就不會去認真準備，結果「大意失荊州」，被對方弄得措手不及而陷入被動；太低，你就可能喪失信心，或怯場，或精神萎靡不振而丟了自己的優勢，讓對方牽著鼻子走。

4、事先不妨將不利因素估計得嚴重一點

俗話說：「先難後易。」這是說任何事寧可在事前將不利因素估計得充分一點，也不肯到事後找麻煩。因為事前尚有應變迴旋的餘地；事後卻「生米煮成熟飯」，要想挽救已來不及。現實生活中，人們往往對有利的因素估計過多，而對不利因素估計不足，故而「後悔」。這是因為，人們對事情成功的「期望值」偏高，結果反過來掩蓋了人們的視線，使他們看問題片面、靜止、主觀、感情衝動而缺乏冷靜客觀的分析，於是作出錯誤的或不明智的選擇。

5、在交友、處事的過程中適時地調整好「期望值」

由於人們對人情世故的把握程度所限，人不可能事事能掐會算。因此，在實踐中學習，在實踐中調整自己的行動，就是十分重要的了。這就是說，在為人處事的過程中，及時地根據此時此地和彼時彼地情況的變化，來審視和調節自己的「期望值」，適時地採取相應變通措施，才可以避免或減少失敗。事變我變，人變我變，不把希望盯在某一點上。成功的可能性變小，就後退一步，或改弦易轍；成功的可能性變大了，就應全力以赴，奮勇拚搏。

真誠不等於「實話實說」

有這樣一個故事：從前，有一個愛說老實話的人，什麼事情他都照實說，所以，他不管到哪兒，總是被人趕走。這樣，他變得一貧如洗，簡直無處棲身。最後，他來到一座修道院，指望著能被收容進去。修道院長見他是個老實人，就把他留在修道院裡安頓下來。修道院裡有幾頭已經不頂用的牲口，修道院長想把牠們賣掉，可是他不敢派手下的人到集市去，怕他們把賣牲口的錢私自獨吞。於是，他就叫這個誠實人把兩頭驢和一頭騾子牽到集市上去賣。誠實人在買主面前只講實話說：「尾巴斷了的這頭驢很懶，喜歡躺在稀泥裡。有一次，長工們想把牠從泥裡拽起來，一用勁，拽斷了尾巴；這頭禿驢特別倔，一步路也不想走，他們就抽牠，因為抽得太多，毛都禿了；這頭騾子呢，是又老又瘸。」，「如果幹得了活兒，修道院長是不會把牠們賣掉的。」結果買主們聽了這些話都走了。這些話在集市上一傳開，誰也不來買這些牲口了。於是，誠實人到晚上又把牲畜趕回了修道院。聽誠實的人講述完集市上發生的事，修道院長發著火對他說：「朋友，那些把你趕走的人是對的。不應該留你這樣的人！我雖然喜歡實話，可是，我卻不喜歡那些跟我的腰包作對的實話！所以，老兄，你滾開吧！你愛上哪兒就上哪兒去吧！」就這樣，誠實人又從修道院裡被趕走了。

其實，現實生活中也不乏類似的例子。舞蹈家鄧肯是十九世紀最富傳奇色彩的女性，熱情浪漫外加叛逆的個性，使她成為反對傳統婚姻和傳統舞蹈的前衛人物。她小時候更是純真，常坦率得令人發窘。聖誕節，學校舉行慶祝大會，老師一邊分糖果、蛋糕，一邊說著：「看啊，小朋友們，聖誕老公公給你們帶來了什麼禮物？」鄧肯馬上站起來，嚴肅地說：「世界上根本沒有聖誕老公公。」老師雖然很生氣，但還是壓住心中的怒火，改口說：「相信聖誕老公公的乖女孩才能得到糖果。」，「我才不稀罕糖果。」鄧肯回答。老師勃然大怒，處罰鄧肯坐到前面的地板上。

聰明人知道，人無論處在何種地位，也無論是在哪種情況下，都喜歡聽好話，喜歡得到別人的讚揚。的確，做工作很辛苦，能力雖然有大有小，畢竟是盡了自己的一份力量，當然希望自己的努力得到他人和社會的承認，這也是人之常情。會為人處事的人，此時必然避其鋒芒，即使覺得他做得不好，也不會直言相對。生性油滑、善於見風使舵的人，則會阿諛奉承，拍拍馬屁。那些忠直的人，此時也許要實話實說，這就讓人覺得你太過莽直。有鋒芒也有魄力，在特定的場合顯示一下自己的鋒芒，是很有必要的。但是如果不分場合，不僅會刺傷別人，也會損傷自己。

那麼，怎麼做才會既表達自己的真實感受，又不傷害別人呢？聰明人的思路是：

1、順情說好話

俗話說：「順情說好話，耿直討人嫌。」其實，現實生活中經常見到「說謊」的人，大人物也不例外。比如：從內心反感開會的人常說：「非常高興有機會參加這次會議……」對相貌平平者說：「你非常漂亮！」在忙得不可開交的時候，接到話不投機朋友的電話，偏偏他講了五分鐘還沒有放下話筒的意思，於是只好來一招：「對不起，我馬上就要開會了！」明示對方結束話題……儘管這樣是言不由衷，但於人於己都無害，別人也容易接受。

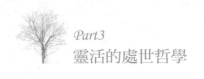

2、盡量以幽默的言語表達

一次，著名的德國作曲家翰內斯·勃拉姆斯參加一個晚會。不曾想，晚會上他遭到一群厚臉皮女人的包圍，他邊禮貌地應付，邊想解脫的辦法，忽然他心生一計，點燃了一支粗大的雪茄。不多久，他與那群女人便被一團團淡紫色的煙霧包圍了，很快，有幾個女人忍不住咳嗽起來，勃拉姆斯照樣泰然地抽他的雪茄。終於有人忍不住了，對勃拉姆斯說：「先生，你不該在女人面前抽煙啊！」，「不，我想，有天使的地方不該沒有祥雲。」勃拉姆斯微笑著回答。勃拉姆斯用幽默的語言，使自己從無奈的糾纏中解脫了出來。

3、要把握一定原則

講謊話一定要注意原則，切不可從私利出發，顛倒黑白、混淆是非，否則只能遭到別人的唾棄。

我們要把握住一點，真誠的核心和靈魂是利他，也就是與人為善。如果對別人來說，「謊話」更適宜和容易接受，又不會傷害任何人的利益，我們不妨放棄對

「完全誠實」的固執；但在任何時候，都絕不能為了個人利益而放棄誠實。那些經常為私利表現不誠實的人是不會獲得成功的。一個人對其他人表現出非常不誠實時，他至少在錢財方面是有可能獲得成功的。但是，如果一個人想要就他一生中所處的地位、達到目的的前景以及他的不足之處等問題欺騙人們並且一直欺騙下去是絕對不可能的。

在生活中要做一個真誠的人不容易，因為它來不得半點虛假和功利，需要實實在在地付出、奉獻。真誠待人、克己為人的人，也許偶爾會被欺詐，但他們才會真正時時受人歡迎。面對一個處處為他人著想，絕不為個人利益放棄誠實的人，人人都會真誠接納他，願意和他交往。所以聰明人知道，要想給人留下好印象，最要緊的是「恰當的真誠」。

忠實與誠摯，獲得真尊敬

從前，有個忠實的小夥子叫漢斯，他是一個非常聰明的人。他一個人住在一間小屋子裡，他非常勤勞，擁有一座在村莊裡最美麗的花園。小漢斯有很多的朋友，但其中有一個跟他最要好的朋友叫大休，是個磨坊主。磨坊主是個很精明的人，也是一個很富有的人，他總是自稱是小漢斯最忠實的朋友，因此他每次到小漢斯的花園來時，都以好朋友的身分拎走一大籃子各種美麗的鮮花，在水果成熟的季節還拿走許多水果。

磨坊主經常說：「真正的朋友就該分享一切。」但他可是從來沒有給過小漢斯任何回贈。

冬天的時候，小漢斯的花園枯萎了。「忠實的」磨坊主朋友卻從來沒去看望過孤獨、寒冷、飢餓的小漢斯。

磨坊主在家裡發表他關於友誼的高論：「冬天去看小漢斯是不恰當的，人們經受困難的時候心情煩躁，這時候必須讓他擁有一份寧靜，去打擾他是不好的。而春天來的時候就不一樣了，小漢斯花園裡的花都開放了，我去他那兒採回一大籃子鮮花，我會讓他多麼高興啊。」

磨坊主天真無邪的兒子問他：「爸爸，為什麼不讓小漢斯到咱們家來呢？我會把我的好吃的、好玩的都分給他一半。」

沒想到磨坊主卻被兒子的話氣壞了，他怒斥兒子說：「如果小漢斯來到我們家，看到了我們燒得暖烘烘的火爐，我們豐盛的晚飯，以及我們甜美的紅葡萄酒，他就會心生妒意，而嫉妒則是友誼的大敵。」

故事中的磨坊主好耍小聰明，好占便宜，非常精明，心眼實的人常常被這種人蒙蔽。但是，這種精明人終究會有被識破真相的一天，這種「朋友」最終一定會被人唾棄的！

「路遙知馬力，日久見人心。」忠實、誠摯的小漢斯才是聰明人，才能得到真正的友誼，獲得別人的尊敬。

❖ 尊重觀點上的差異

一位少年正與一位耄耋老人爭辯。

「哈哈！太陽圍著我轉了八十多年了，我還沒有死，今後，它說不定還會圍我轉二十年哩。」老人得意洋洋地說。

「不對！是你圍著太陽轉了八十多年了！」少年說。

「什麼？我圍著太陽轉？胡說八道！我每天搬個小凳子坐在院子裡，太陽從東邊升起，從西邊落下，明明是我不動，太陽動，你怎麼說我圍著它轉？」

「那不是太陽在動，是地球在動，你每天坐在地球上，圍著太陽，旋轉八萬里呢！」少年說。

「你說地球會轉？」

「對！它不僅會圍著太陽轉，而且自己也會轉。」

「那我怎麼沒從地球上跌下去？」老人不服氣地說。

「那是因為地球的引力。」

「地球的引力？那它怎麼沒把月亮、星星引到地球上來？」老人反駁道。

「那是因為地球的引力也是有限的……」

「有限的？誰限制了它？天底下難道有人在限制地球？」老人爭道。

「那是……」少年盡自己所知，向老人解釋著，與他爭辯著。最後，老人無話可說，只嘆氣道：「唉！活了八十多年，居然被太陽和地球騙了八十多年！」

「不！它們沒騙你，是你自己把它們看錯了。」

「可是，我又怎麼會看錯呢？」老人不解。

「那是您站的角度不同。假如您不是站在地球上，而是站在太空另一個星球上，那麼，情況就又大不一樣了呢！」少年說。

「說的是呀，」老人若有所思，「世人看事情也是如此，只因站的角度不同，往往把一個事物看得天差地別，還以為自己受了它們的欺騙，實際上，錯在我們自己呀。」

和人相處，如果總是在強調差異，你們就不會相處融洽，強調差異會使人與人之間距離越來越遠，最終走向衝突。如果把注意力放在別人和自己的共同點上，與人相處就會容易一些。我們和難纏的人有衝突，我們和朋友也會有衝突，差別在於和朋友間的衝突會因彼此共同的立場觀點而緩和，而和志不同、道不合的人發生衝突就不易找出共同點來。要記住，誰也不會去和跟自己作對的人合作。

尊重這些差異的關鍵是要意識到，所有人看待世界都不是客觀地去看，而是主觀地去看。真正的聰明人對他人是極為謙恭與尊敬的，承認個人感知的局限性，並珍視通過與他人的心靈與思想相互作用所能獲得的豐富的聰明才智。

比別人聰明，但不要告訴人家你更聰明

有這樣一位年輕的紐約律師，他參加一個重要案子的辯論。這個案子牽涉到一大筆錢和一項重要的法律問題。在辯論中，一位法官對年輕的律師說：「海事法追訴期限是六年，對嗎？」

律師愣了一下，看看法官，然後率直地說：「不。審判長，海事法沒有追訴期限。」

這位律師後來對別人說：「當時，法庭內立刻靜默下來。似乎連氣溫也降到了冰點。雖然我是對的，他錯了；我也如實地指了出來。但他卻沒有因此而高興，反而臉色鐵青，令人望而生畏。儘管法律站在我這邊，但我卻鑄成了一個大錯，居然當眾指出一位聲望卓著、學識豐富的人的錯誤。」

這位律師確實犯了一個「比別人正確的錯誤」。在指出別人錯了的時候，為什麼不能做得更高明一些呢？

無論你採取什麼方式指出別人的錯誤：一個蔑視的眼神，一種不滿的腔調，一

個不耐煩的手勢，都有可能帶來難堪的後果。你以為他會同意你所指出的錯誤嗎？絕對不會！因為你否定了他的智慧和判斷力，打擊了他的榮耀和自尊心，同時還傷害了他的感情。他非但不會改變自己的看法，還要進行反擊，這時，你即使搬出所有柏拉圖或康德的邏輯也無濟於事。

永遠不要說這樣的話：「看著吧！你會知道誰是誰非的。」這等於說：「我會使你改變看法，我比你更聰明。」——這實際上是一種挑戰，在你還沒有開始證明對方的錯誤之前，他已經準備迎戰了。為什麼要給自己增加困難呢？

蘇格拉底一再告誡他的門徒：「你只知道一件事，就是你一無所知。」

英國十九世紀政治家查士德斐爾爵士曾教誨自己的兒子說：「要比別人聰明，但不要告訴人家你比他更聰明。」這才是聰明人的處世祕訣。

寬容是與人交往的潤滑劑

市場上，果販遇到了一位難纏的客人。

「這水果這麼爛，一斤也要賣五十元嗎？」客人拿著一個水果左看右看。

「我這水果是很不錯的，不然你去與別的賣家比較比較。」

客人說：「一斤四十元，不然我不買。」

小販還是微笑地說：「先生，我一斤賣你四十元，對剛剛向我買的人怎麼交代呢？」

「可是，你的水果這麼爛。」

「不會的，如果是很完美的，可能一斤就要賣一百元了。」小販依然微笑著。

不論客人的態度如何，小販依然面帶微笑，而且笑得像第一次那樣親切。

客人雖然嫌東嫌西，最後還是以一斤五十元成交了。

有人問小販何以能始終面帶笑容，小販笑著說：「只有想買貨的人才會指出貨如何不好。」

小販完全不在乎別人批評他的水果，並且一點也不生氣，不只是自己有修養，更是對自己的水果大有信心的緣故。我們真的比不上小販，平常有人說我們兩句，我們就已經氣在心裡口難開，更不用說微笑以對了。

小販稱得上是一個明白人，明白人常常是豁達的。豁達是一種博大的胸懷、超然灑脫的態度，也是人類個性最高的境界之一。一般說來，豁達開朗之人比較寬容，能夠對別人不同的看法、思想、言論、行為以至他們的宗教信仰、種族觀念等都加以理解和尊重。不輕易把自己認為「正確」或者「錯誤」的東西強加於別人。他們也有不同意別人的觀點或做法的時候，但他們會尊重別人的選擇，給予別人自由思考和生存的權利。

一位明白人說過，如果大家希望享有自由的話，每個人均應採取兩種態度：在道德方面，大家都應有謙虛的美德，每人都必須持有自己的看法，不一定是對的態度；在心理方面，每人都應有開闊的胸襟與兼容並蓄的雅量來寬容與自己不同甚至相反的意見。換句話說，採取了這兩種態度以後，你會容忍我的意見，我也會容忍你的意見，這樣大家便都享有自由了。

明白人懂得，寬容不但是做人的美德，也是一種明智的處世原則，是人與人交往的「潤滑劑」。

寬容猶如冬日正午的陽光，去融化別人心田的冰雪使之變成潺潺細流。一個不懂得寬容別人的人，會顯得愚蠢；一個不懂得對自己寬容的人，會為把生命的弦繃得太緊而傷痕纍纍。

我們生活在一個越來越不忽視功利的環境裡，但倘若太吝惜自己的私利而不肯為別人讓一步路，這樣的人最終會無路可走；倘若一味地逞強好勝而不肯接受別人的一絲見解，這樣的人最終會陷入世俗的河流中而無以向前；倘若一再地求全責備而不肯寬容別人的一點瑕疵，這樣的人最終宛如凌空在太高的山頂，會因缺氧而窒息。

曾有人把人比喻為「會思想的蘆葦」，因為弱小易變，因而情緒的波動，隨時都在改變對事物的正確了解。人非聖賢，就是聖賢也有一失之時，我們何以不能寬容自己和別人的失誤？

寬容並不意味對惡人橫行的遷就和退讓，也非對自私自利的鼓勵和縱容。誰都可能遇到情勢所迫的無奈，無可避免的失誤，考慮欠妥的差錯。所謂寬容就是以善意去寬待有著各種缺點的人們。因其寬廣而容納了狹隘，因其寬廣顯得大度而感人。

在日常生活中，當自己的利益和別人利益發生衝突，友誼和利益不可兼得時，首先要考慮捨利取義，寧願自己吃一點虧。鄭板橋曾說過：「吃虧是福。」這決不是阿Q式的精神自慰，而是人生閱歷的高度概括和總結。清朝時有兩家鄰居因一道牆的歸屬問題發生爭執，欲打官司。其中一家想求助於在京為大官的親屬張廷玉幫忙。張廷玉沒有出面干涉這件事，只是給家裡寫了一封信，力勸家人放棄爭執，信中有這樣幾句話：「千里求書為道牆，讓他三尺又何妨？萬里長城今猶在，誰見當年秦始皇。」家人聽從了他的話，鄰居也覺得很不好意思，兩家終於握手言歡，反而由你死我活的爭執變成了真心實意的謙讓。

《菜根譚》中講：「路徑窄處留一步，與人行；滋味濃的減三分，讓人嗜。此是涉世一極樂法。」可謂深得處世的奧妙。

明白人知道，寬容才是讓世界充滿和諧和快樂的真諦。

從自己身上找原因

一個樂於助人的青年遇到了困難，想起自己平時幫助過許多朋友，他於是去找他們求助。然而對於他的困難，朋友們全都視而不見、聽而不聞。

「真是一幫忘恩負義的傢伙！」他怒氣沖沖，他的憤怒這樣強烈，以至於無法自己排遣，百般無奈，他去找一位智者。

智者說：「助人是好事，然而你卻把好事做成了壞事。」

「為什麼這樣說呢？」他大惑不解。

智者說：「首先，你眼濁。你開始就缺乏識人之明，那些沒有感恩之心的人是不值得幫助的，你卻不分青紅皂白地幫助。其次，你手濁。假如你在幫助他們的時候同時也培養他們的感恩之心，不致讓他們覺得你對他們的幫助天經地義，事情也許不會發展到這步田地，可是你沒有這樣做。第三，你心濁。在幫助他人的時候，應該懷著一顆平常心，不要時時覺得自己在行善，覺得自己在物質和道德上都優越於他人，你應該只想著自己是在做一件力所能及的小事。比起更富者，你是窮人；比起更善者，你是凡人。不要覺得你幫了別人。應該這樣想：是上帝藉著你的手幫了別人，一切歸於上帝，不要歸於你自己。」

樂於助人的青年願意幫助別人，並在需要的時候希望自己得到別人的幫助，可以說是一個聰明人；而智者世事通曉，寵辱不驚，性格豁達，善於從自己身上找原因，稱得上是一個明白人。

給別人留面子

有一回，日本歌舞伎大師勘彌準備扮演古代一位徒步旅行者。正當他要上場時，一個門生提醒他說：「師傅，您的草鞋帶子鬆了。」

勘彌大師回了一聲：「謝謝你呀。」然後立刻蹲下，繫緊了鞋帶子。當他走到門生看不到的舞台入口處時，卻又蹲下，把剛才繫緊的帶子復又弄鬆。顯然，他的目的是，以草鞋的帶子都已鬆垮，試圖表達一個長途旅行者的疲憊狀態。演戲能細膩到這樣，確實說明勘彌具有許多影視明星不具有的素質。

當他解鬆鞋帶時，正巧一位記者到後台採訪，親眼看見了這一幕。戲演完後，記者問勘彌：「您該當場教那位門生，他還不懂演戲的真諦。」

勘彌回答道：「別人的親切必須坦率接受，要教導門生演戲的技能，機會多的是。在今天的場合，最要緊的是要以感謝的心去接受別人的親切，並給以回報。」

明白人不僅重視人際關係，而且總是善於給別人留足面子。

希望別人怎麼待你，就怎麼待人

托尼・亞歷山德拉博士是美國很有影響力的演說家和非常受歡迎的商業廣播講座撰稿人。他與人力資源顧問、訓導專家邁克爾・J・奧康納博士在他們合作的《白金法則》中，向人們展示了一項最新的研究成果：「白金法則」——「別人希望你怎麼對待他們，你就怎麼對待他們。」這實在是明白人才有的見地。

「你希望別人怎麼待你，你就怎麼待別人」是多年來聰明人奉行的一條「黃金定律」。「白金法則」是在本著尊重「黃金定律」的主旨的原則下對這一古老的信條進行修正。對於現代人來說要使自己常立於不敗之地的關鍵，就在於遵循「白金法則」：「別人希望你怎麼對待他們，你就怎麼對待他們。」

簡單地說，就是學會真正了解別人，然後以他們認為最好的方式對待他們，而不是我們中意的方式。這一點還意味著要善於花些時間去觀察和分析我們身邊的人，然後調整我們自己的行為，以便讓他們覺得更稱心和自在。它還意味著要運用我們的知識和才能去使別人過得輕鬆、舒暢，這才是「黃金定律」的精髓所在。

所以，「白金法則」並不是游離於「黃金定律」之外獨樹一幟的東西。相反，你可以稱它為後者的一個更新的、更富有人情味的版本。與「黃金定律」相比，「白金法則」更進了一步。

在今天高度競爭和變化無常的環境裡，以你一廂情願的方式去對待你的服務對象、合作夥伴和下屬顯然是遠遠不夠的。你還不得不去了解他們的需求——而且有能力滿足他們物質和精神的需求才行。你的成功很大程度上就取決於你如何迎合他們的個人需要。

明白人會根據不同人的個性品格類型的特徵，用「白金法則」去相應地迎合不同類型的不同需要，投其所好，在雙贏策略中獲取最大的成功。「白金法則」在幾乎任何人際關係的問題上都能助你一臂之力，這其中包括：

1、確判斷對方的品格類型

2、預見對方的行為

從而你可以預先調整自己的行為來順應他，以取得盡可能最好的結果。

3、把彼此有親合力、有合作潛力的人聚在一起，形成有效率的工作團隊、穩定的員工隊伍、出色的公司與組織——利益共同體

4、症下藥——運用「白金法則」與人打好交道

5、化解衝突和矛盾

從而激發工作熱情，提高員工的能力，增強組織效能。

「白金法則」是明白人對心理學理論和社會實踐經驗的總結，是知識經濟社會裡處理人際關係的寶典，是打開人生凱旋之門的一把金鑰匙。

Part 4

勤修品德

不搞小動作、耍小聰明

傳說在濟水的南面，有一個商人，渡河時他把船弄丟了，便停留在水中的浮草上，在那裡哀號求救。有一個漁夫用船去救他，還未靠近，商人就急忙號叫道：「我是濟水一帶有名的富翁，你如果救了我，我給你一百兩金子。」

漁夫真的把他救上了陸地，商人卻只給了十兩金子。漁夫說：「當初你答應給我一百兩金子，如今卻只給了十兩，這豈不是不講信用麼！」

商人聽了勃然大怒：「你是個打魚的，一天的收入能有多少？今天一下子就得到十兩金子，你還不滿足嗎？」

漁夫失望地離去了。後來，這商人乘船順呂梁河而下，船碰到礁石，又淹沒在水中，那個漁夫正好又在那裡。

有人問漁夫：「你怎麼不去救他呢？」

漁夫說：「這就是那個答應給百兩金子卻言而無信的商人。」漁夫把船靠了岸，遠遠地觀望著水中的商人，商人隨後就沉沒了。

這個商人不遵守諾言，還振振有詞地進行狡辯，他的確是一個精明人。但這個商人「搞小動作」、耍小聰明的結果是害了自己。而聰明的人卻會講信用、重義氣，對金錢有一個正確的認識，不會重利而忘義，更不會只要錢不要命。

聰明人重視言必信，行必果。他們知道，言而無信，必失信於人；失信於人，則失人心，到頭來，吃虧的還是自己。

注重人格修煉

在一家很小的蔬菜店裡，一位名叫伊曼紐爾・尼戈的紳士買了香菜後，遞給店員二十美元並等著找回零頭。店員接過錢放入錢匣，接著開始找零錢。突然，她發現拿過菜而弄溼了的手上黏有鈔票的墨水痕跡。她驚訝地停了下來，想想該怎麼辦。經過幾秒鐘的激烈思考，她認為，作為她的老朋友、老鄰居、老顧客——伊曼紐爾・尼戈先生一定不會給她一張假鈔。於是她如數找回零錢，伊曼紐爾・尼戈先生便離開了蔬菜店。

後來，店員還是有些懷疑，便把那張鈔票送到了警察局。在一八八七年，二十美元畢竟不是一個小數目。一名警察確認鈔票是真的，另一名則對擦掉了的墨跡大為懷疑。懷著好奇心與責任心，他們持搜查證去了尼戈先生的家裡。在他的閣樓上，他們最後找到了一架偽造二十美元鈔票的機器。實際上，他們是發現了一張正在偽造的二十美元鈔票。同時，他們也看到了尼戈繪製的三幅肖像畫。尼戈先生是一名很傑出的藝術家。他熟練地運用名家的手筆，細致地一筆一筆描繪了那些二十美元假鈔。他騙過了幾乎所有的人，但最後命運安排他不幸地暴露在一雙溼手上。

尼戈被捕後，他的肖像畫被拍賣了一萬六千多美元，每幅畫均超過五千美元。這個故事的諷刺之處，在於尼戈幾乎用了同樣的時間來畫一張二十美元假鈔和一幅價值超過五千美元的肖像畫。

尼戈一定是一個精明人。但無論從什麼角度看，這個卓越的天才人物都是一個竊賊。可悲的是他從自己身上偷走的東西最多。如果他合法地發揮自己的才華，他不僅會成為一個富有的人，而且能在此過程中為他的朋友帶來無數的快樂和利益。

為此，一個聰明人指出：「追求樂趣而愧對良知的最後代價，在於浪費時間、金錢，使名譽受損，而且也讓他人心靈受到傷害。背離自然法則卻缺乏自知之明，是很危險的。良知是真理與原則的儲藏所，也是自然法則的內在監視器。比缺乏學識更危險的是，擁有豐富學識，卻缺少強而有力、有原則的人格。人們不應只注重知識上的發展，必須注重在人格上的修煉和進步。」

適當時機做該做的事

亞歷克斯．威廉．赫貝奇是一個精明人，他生於一九三〇年。自從他呱呱落地起，人們就發現這個孩子比別人多長了一條「舌頭」，因此人們總分不清他是在說真話還是假話。他的這套本領很快表現在創辦各種公司上，而且很早就背上了破產者的身分。這種身分可不是什麼好東西，使他成為市場管理機構追緝的對象。無論他做什麼生意，只要是在英國政府管轄的範圍之內，赫貝奇就難以容身。好幾次被追得屁滾尿流，飛走了一隻又一隻辛苦煮熟了的鴨子。

於是赫貝奇遷居蘇黎世，在那裡他憑藉著自己的精明如魚得水，在可可、銅、白銀等商品的現貨期貨交易中大獲其利。一九六七至一九六八年間，投資二十五萬英鎊為德國的互助基金客戶設立一個證券交易所。廣告在報上登載出來以後，社會游資滾滾而來。

不到三個月，他的公司就從一間房間變成整整一座樓房，員工也從幾個變成幾百，客戶帳款一天多達二至三億美元。但是好景不長，一九七〇年末，紐約股市驟跌二五〇百分點。人人急於拋出，赫貝奇又從財富頂端跌落下來。而且禍不單行，一九七一年在查看一艘新購買的遊艇時，赫貝奇在甲板上滑倒，一直摔到艙底，摔斷了一條腿。更糟的是警方也來搜查，公司倒閉，留下債務達五千萬英鎊。其後他繼續掙扎，先後又開了七個公司，也都以失敗告終。

一九七三年赫貝奇一度回國，但待不住，又跑到安道爾，創辦《商品研究文摘》。這時是他最落魄的時期。但是赫貝奇至此已歷經磨難，並精通了市場公司學。一九八一年回到英國之後，就花掉四十六萬英鎊買下蘭克勳爵的地產薩頓莊園，以此開辦一系列的國際公司，像撒豆一樣，大大小小達六十六個。

赫貝奇的戲法主要是設立互助基金，以高額利息吸收國際游資，尤其是美國的客戶。他付給為其介紹生意的代理商〇・七五%的佣金，由此吸引來的資金多得不計其數。但是到一九八四年，赫貝奇又遇到麻煩。他的公司寄給投資者的利息支票越來越少，而且越來越多地被銀行退回，蓋上「帳面現有金額不足支付」的印章。於是客戶紛紛告發赫貝奇。

現在赫貝奇悔恨交加，被關押在當年曾經拘留過狄更斯的父母的彭通維利監獄裡。這裡污濁狹小，臭氣熏天。在愉快的歲月裡腫脹起來的四百磅身體實在使他活得不輕鬆。

如果想成為一個成功的商人，僅僅精明是不夠的。一旦你從商，能力與正直的要求會變得更加重要，因為人們不希望購買劣質產品，或受到無禮的服務。當然，他們更不想和那些無知、沒有技能以及不誠實的人來往，我不願意，你不願意，沒有人會願意這麼做。

一個正直的聰明人會在適當的時機做該做的事，即使沒有人看到或知道。

誠實獲得好運

查理・哈斯克爾去世時，留下了妻子和九個孩子。他們靠一小塊土地為生，住在一所有四間居室的房子裡。約翰是家裡的長子，所以他的母親告訴他，他必須承擔起照顧全家的責任。那時他十六歲。

約翰到鎮裡最有錢的人——法官多恩那兒去要一美元，那是法官買約翰父親的玉米時欠的錢。法官多恩把錢給了他。然後法官說，約翰的父親也欠他一些錢。他說那個農夫曾向他借了四十美元。「你打算什麼時候替你父親還欠我的錢？」法官問約翰，「我希望你不要像你的父親那樣。」他說，「他是個懶漢，從不賣力氣幹活。」

在法官的幫助下，約翰憑誠實的勞動和艱苦的努力，不僅還清了其父所欠的舊債和自己所欠的新債，還積攢了一筆錢並且買了一個大農場。

約翰三十歲的時候，成了本鎮的頭面人物之一。那一年法官去世了，他把他的那所大房子和大部分財產留給了約翰，他還給約翰留下了一封信。約翰打開信，看了看寫信的日期。這封信是法官在約翰第一次外出打獵向他借錢那天寫下的。

「親愛的約翰，」法官寫道，「我從未借給你父親一分錢，因為我從未相信過他，但是我第一次見到你時，我就喜歡上了你，我想確定你和你的父親不一樣，所以我考驗了你。這就是我說你父親欠我四十美元的原因。祝你好運，約翰！」信封裡有四十美元。

人生旅途中，難免會遇到各種各樣的考驗。有考驗人的誠實守信的，也有考驗人的智慧的，還有考驗人的能力的，如此等等，不一而足，無論是何種考驗，被考驗者只有經得起考驗，才能為考驗者喜歡、信任。

約翰是一個聰明人，他以其誠實守信的不懈努力經受住了法官的考驗，不僅自身收穫甚大，而且還幸運地得到了遺贈。

聰明人都奉行誠實有信的原則，他們能夠經得起嚴峻的考驗，不僅能夠贏得朋友的敬佩，而且常常獲得意外的好運。

約束自己

聰明人總是善於控制和約束自己。

在某國的特種部隊，流傳著這樣一個故事：

當一個有經驗的間諜被敵軍捉住以後，他立刻會裝聾作啞。任憑對方如何審訊，他始終像聾啞人一樣。一直到最後，審問的人故意和氣地對他說：「好吧，看起來我從你這裡問不出任何東西，你可以走了。」

這個有經驗的間諜會怎樣做？他會立刻帶著微笑，轉身走開嗎？不會的！沒有經驗的間諜才會那樣做。要是他真的這樣做了，他的自制力是不夠的，這樣的人談不上有經驗。有經驗的間諜會依舊像毫無知覺似地呆立著不動，彷彿他對於那個審問者的命令，完全不曾聽懂似的，這樣他就勝利了。

審問者原是想通過釋放他來觀察他這個「聾啞人」的反應。一個人在獲得自由的時候，常常會抑制不住內心的激動。但那個間諜聽了依然毫無動靜，彷彿審問還在進行，這不得不使審問者也相信他確實是個殘廢了，只好說：「這個人如果不是聾啞的殘廢者，那一定是個瘋子了！放他出去吧！」

就這樣，有經驗的間諜的生命，以他特有的自制力，保存下來了。

從這個故事中我們能得到什麼啟示？一個能自制的思想，是自由的思想，自由便是力量！有時，為了獲得真正的自由，聰明人知道，必須暫時盡力約束自己。

克制自己

一個商人需要一個小夥計，他在商店裡的窗戶上貼了一張獨特的廣告：「招聘：一個能自我克制的男士。每星期四美元，合適者可以拿六美元。」

「自我克制」這個招聘廣告在村裡引起了議論，也引起了小夥子們的思考，自然引來了眾多的求職者。每個求職者都要經過一個特別的考試。

「能閱讀嗎？孩子。」

「能，先生。」

「你能讀一讀這一段嗎？」他把一張報紙放在小夥子的面前。

「可以，先生。」

「你能一刻不停頓地朗讀嗎？」

「可以，先生。」

「很好，跟我來。」商人把他帶到他的辦公室，然後把門關上。他把這張報紙送到小夥子手上，上面印著他答應不停頓地讀完的那一段文字。閱讀剛一開始，商人就放出六隻可愛的小狗，小狗跑到小夥子的腳邊。這太過分了。小夥子經受不住誘惑要看看美麗的小狗。由於視線離開了閱讀材料，小夥子忘記了自己的角色，讀錯了。當然，他失去了這次機會。

就這樣，商人打發了七十個小夥子。終於，有個小夥子不受誘惑一口氣讀完了。商人很高興。他們之間有這樣一段對話：

商人問：「你在讀書的時候沒有注意到你腳邊的小狗嗎？」

男孩回答道：「對，先生。」

「我想你應該知道它們的存在，對嗎？」

「對，先生。」

「那麼，為什麼你不看一看它們？」

「因為我告訴過你我要不停頓地讀完這一段。」

「你總是遵守你的諾言嗎？」

「的確是，我總是努力地去做，先生。」

商人在辦公室裡走著，突然高興地說道：「你就是我要的人。明早七點鐘來，你每週的工資是六美元。我相信你大有發展前途。」男孩的發展的確如商人所說。

聰明人知道：善於克制自己是成功的一大要素！而太多的人不能克制自己，不能把自己的精力投入到他們的工作中，完成自己偉大的使命。這可以用來解釋成功者和失敗者之間的區別。

謙虛謹慎

謙虛謹慎是明白人必備的品格，具有這種品格的人，在待人接物時能溫和有禮、平易近人、尊重他人，善於傾聽他們的意見和建議，能虛心求教，取長補短。對待自己有自知之明，在成績面前不居功自傲；在缺點和錯誤面前不文過飾非，能主動採取措施進行改正。

謙虛謹慎永遠是一個人建功立業的前提和基礎，我國古代學者曾精闢地指出：「滿招損，謙受益」、「人之不幸，莫過於自足」、「人之持身立事，常成於慎，而敗於縱」。

不論你從事何種職業，擔任什麼職務，只有謙虛謹慎，才能保持不斷進取的精神，才能增長更多的知識和才幹。因為謙虛謹慎的品格能夠幫助你看到自己的差距。永不自滿、不斷前進可以使人能冷靜地傾聽他人的意見和批評，謹慎從事。否則，驕傲自大，滿足現狀，止步不前，主觀武斷，輕則使工作受到損失，重則會使事業半途而廢。

具有謙虛謹慎品格的人不喜歡裝模作樣、擺架子、盛氣凌人，能夠虛心向群眾學習，了解群眾的情況。美國第三屆總統托馬斯·傑佛遜提出：「每個人都是你的老師。」傑佛遜出身貴族，他的父親曾經是軍中的上將，母親是名門之後。當時的貴族除了發號施令以外，很少與平民百姓交往，他們看不起平民百姓。然而，傑佛遜沒有秉承貴族階層的惡習，主動與各階層人士交往。他的朋友中當然不乏社會名流，但更多的是普通的園丁、僕人、農民或者是貧窮的工人。他善於向各種人學習，懂得每個人都有自己的長處。有一次，他和法國名人拉法葉特說，你必須像我一樣到民眾家去走一走，看一看他們的菜碗，嘗一嘗他們吃的麵包，只要你這樣做的話，你就會了解到民眾不滿的原因，並會懂得正在醞釀的法國革命的意義了。由於他作風紮實，深入實際，他雖身居總統之位，卻很清楚民眾究竟在想什麼，他們到底需要什麼。

謙虛謹慎的品格，還能使一個人面對成功、榮譽時不驕傲，把它視為一種激勵自己繼續前進的力量，而不會陷在榮譽和成功的喜悅中不能自拔，把榮譽當成包袱背起來，沾沾自喜於一得之功，是不會繼續進取的。

居里夫人以她謙虛謹慎的品格和卓越的成就獲得了世人的稱讚，她對榮譽的特殊見解，使很多喜歡居功自傲、淺嘗輒止的人汗顏不已。也正因為她的高尚品格的影響，以後她的女兒和女婿也踏上了科學研究之路，並再次獲得了諾貝爾獎，成為令人敬仰的兩代人三次獲諾貝爾獎的家庭。

總之，大凡有成就的人，都把謙虛謹慎當作人生的第一美德來刻苦培養。這也是每個成功者所應具有的品質。

超越成敗得失

二○○○年十二月十七日，在英國的曼徹斯特城，英格蘭超級足球聯賽第十八輪的一場比賽在埃弗頓隊與西漢姆聯隊之間緊張地進行著。比賽只剩下最後一分鐘時，場上的比分仍然是一比一。這時，埃弗頓隊的守門員傑拉德在撲球時扭傷了膝蓋，球被傳給了潛伏在禁區的西漢姆聯隊球員迪卡尼奧。

球場上原本沸騰的氣氛頓時靜了下來，所有的人都在等待。迪卡尼奧離球門只有十二米左右，無需任何技術，只需要一點點力量，就可以從容地把球打進沒有了守門員的大門。那樣，西漢姆聯隊就將以二比一獲勝。在積分榜上，他們因此可以增加兩分。而且，在此之前，埃弗頓隊已經連敗兩輪，這個球一進，就將是苦澀的「三連敗」。

在幾萬雙現場球迷的目光注視下，迪卡尼奧沒有踢出「決勝的一腳」，而是彎下腰，把球穩穩抱到懷中……

全場因驚異而出現了片刻的沉寂，繼而突然掌聲雷動。如潮水般滾動的掌聲，把讚美之情獻給了放棄攻鬥的迪卡尼奧。

在生活的許多方面，爭取勝利是十分重要的；但是在需要發揚崇高品德的時候，能夠超越成敗得失，是一種更高的精神境界，是一種更大意義上的成功。只有真正的明白人才能認識到這一點。

性格豁達更快樂

美國教育者威廉・菲爾是一位明白人，這從他的言行中可以看出來。他曾說過這樣的話：「真正的快樂，不是依附外在的事物上，池塘也是由內向外滿溢的。你的快樂是由內在思想和情感中泉湧而出的。如果你希望獲得永恆的快樂，你必須培養你的思想，以有趣的思想和點子裝滿你的心，因為用一個空虛的心靈尋找快樂，所找到的，也只是快樂的替代品。」

阿根廷著名的高爾夫球手羅伯特・德・溫森多也是一個明白人。有一次，溫森多贏得一場錦標賽。領到支票後，他微笑著從記者的重圍中走出來，到停車場準備回俱樂部。這時候一個年輕的女子向他走來，她向溫森多表示祝賀後又說她可憐的孩子病得很重——也許會死掉——而她卻不知如何才能支付起昂貴的醫藥費和住院費。

溫森多被她的講述深深打動了，他二話沒說，掏出筆，在支票上飛快地簽了名，然後塞給那個女子說：「這是這次比賽的獎金，祝可憐的孩子早點康復。」

一個星期後，溫森多正在一家鄉村俱樂部進午餐，一位職業高爾夫球聯合會的官員走過來，問他前一週是不是遇到一位自稱孩子病得很重的年輕女子。

「是停車場的孩子們告訴我的。」官員說。

溫森多點了點頭，說有這麼一回事，又問：「到底怎麼啦？」

「哦，對你來說這是一個壞消息，」官員說，「那個女子是個騙子，她根本就沒有什麼病得很重的孩子。她甚至還沒有結婚哩！你讓人給騙了！」

「你是說根本就沒有一個小孩子病得快死了？」

「是這樣的，根本就沒有。」官員答道。

溫森多長吁了一口氣，然後說：「這真是我一個星期以來聽到的最好的消息。」

如果能做到「不以物喜，不以己悲」，那就是一個非常明白的人了。

真正的豁達堪稱高尚

從前有一個富翁，他有三個兒子，在他年事已高的時候，富翁決定把自己的財產全部留給三個兒子中的一個。可是，到底要把財產留給哪一個兒子呢？富翁於是想出了一個辦法：他讓三個兒子都用一年時間去遊歷世界，回來之後看誰做了最高尚的事情，誰就是財產的繼承者。

一年時間很快就過去了，三個兒子陸續回到家中，富翁要三個人都講一講自己的經歷。

大兒子得意地說：「我在遊歷世界的時候，遇到了一個陌生人，他十分信任我，把一袋金幣交給我保管，可是那個人卻意外去世了，我就把那袋金幣原封不動地交還給了他的家人。」

二兒子自信地說：「當我旅行到一個貧窮落後的村落時，看到一個可憐的小乞丐不幸掉到湖裡了，我立即跳下馬，從河裡把他救了起來，並留給他一筆錢。」

三兒子猶豫地說：「我，我沒有遇到兩個哥哥碰到的那種事，在我旅行的時候遇到了一個人，他很想得到我的錢袋，一路上千方百計地害我，我差點死在他手上。可是有一天我經過懸崖邊，看到那個人正在懸崖邊的一棵樹下睡覺，當時我只要抬一抬腳就可以輕鬆地把他踢到懸崖下，我想了想，覺得不能這麼做。正打算走，又擔心他一翻身掉下懸崖，就叫醒了他，然後繼續趕路了。這實在算不上什麼有意義的經歷。」

富翁聽完三個兒子的話，點了點頭說道：「誠實、見義勇為都是一個人應有的品質，稱不上是高尚。有機會報仇卻放棄，然後幫助自己的仇人脫離危險的寬容之心才是最高尚的。我的全部財產都是老三的了。」

難得這位富翁這麼明白，把人生參悟得這麼透徹。明白人往往都能夠明辨是非，他們的品德堪稱世人的楷模。

Part5

享受快樂人生

❖不忽視身體健康

多數精明人認為，賺錢可以說是人生最大的快樂之一，它除了能夠提供多數經營者主要的智力刺激和社會互動之外，還是許多經營者唯一能展露才能、並獲得掌聲的標準。但是，聰明人認為，如果你真的把每一分鐘清醒的時間都用來賺錢，而完全忽略自己的健康，那將得不償失。因為，人不是那種只會幹活不需要吃飯、睡覺和休息的機器。

良好的心理、情緒與精神，都來自健壯的身體，假如你想功成名就，第一步，就是要考慮健康問題。因此，當你能夠出人頭地之前，首先需要學習的一個簡單而重要的課題，就是讓你自己——你的體格——強壯起來。因為身體健壯的人，才能具有精明的頭腦和旺盛的精力。沒有健康的身體，在這個物質世界上，什麼也甭想實現。簡單地說，身體健康是經營者獲得成功的「硬體」，一個經營者成功的基礎是健康的身體。通過體育鍛鍊和良好的飲食，才能有聰明睿智的腦子。

可現代大多數人最容易犯的一個毛病，就是對於已經擁有的東西不怎麼珍惜，而對於將要失去的卻總想挽留，這一點在對待健康方面體現得最為明顯。當一個經營者無病無災時，他總覺得自己是「鐵打」的機器人，可以不吃不喝一天工作二十四小時。這種情況大多體現在年輕力壯正當年的經營者，他們不懂得愛惜自己的身體，天天為賺錢而奔波，在商場裡逐鹿爭雄，總想著出人頭地。不過，當人到了一定的歲數，精神和體力都會明顯衰退。到了百病纏身時，經營者可能要花上大量的時間用來休養和無數的金錢進行治療。其實，如果在年輕時就注意自己身體的保養，也可能用不了多少時間和金錢，你就會擁有一個強健的體魄。

雖然都市人的壽命在統計數字上看，確實是隨著醫療條件的改善而有所延長，但是，人的健康狀況卻並不怎麼如意。許多現代「文明病」隨著超負荷的工作壓力、食物的添加劑、空氣污染、環境惡化等，而死死地「纏」住人類。

比如說，交通擁擠、複雜的人際關係、沒完沒了的高速工作，都會令人情緒緊張和呼吸急促，造成種種內分泌的失調，可能患上諸如便祕、痔瘡等疾病，進而使人情緒不安和暴躁。據有關資料顯示，很多病是與人的情緒有直接關係的，這些疾病包括糖尿病、憂鬱症、關節炎、腰酸背疼、高血壓、哮喘、頭暈目眩、心律不整、疲勞等。

到了生病時，人們一般都會下意識地去醫院，但是許多經營者看病經常是屬於

「窮應付」，病情稍稍有點緩解就認為已經痊癒，而重新投入到給你帶來疾病的環境和工作之中。如此週而復始地惡性循環，最後實在堅持不住了，也失去了寶貴的治療時機。對於疾病與健康，一般人最容易犯的毛病還有一個「僥倖」心理，總覺得沒什麼大不了的，小毛病一樁，堅持一下就過去了。這是最不可取的想法。

健康就是財富，經營者千萬不要為了追求身外的財富而忽略了自己最大的「財富」——健康。做人除了要懂得給自己「減壓」之外，及時進行適當的治療和注意日常健康，也非常重要。

只要合理安排，注意健康與你的生意絲毫不會產生矛盾。有時一個微小的舉動或者一個很簡單的改進，都會令你享受到健康的快樂。比如，在辦公場所加裝一部空氣淨化器，可以通過改善辦公室的空氣質量，來改善員工和你自己的健康狀況，進而提高工作效率。小小投資卻能起到非常大的效果，何樂而不為呢？當疲憊不堪時，與其勉強苦苦地硬撐著在那裡工作，何不稍稍休息一下，然後再以充沛的精力投入工作，你會發現這樣做之後工作效率可能更高。此外，制定好工作計畫，拒絕「瞎忙」，也是非常重要的。許多經營者之所以每天忙忙碌碌沒個閒，除了商場的競爭激烈外，很多情況是他們自己沒有工作計畫，可以說整天都在「瞎忙」。

在一九九七年《財富》雜誌中一篇討論經營者工作過度的文章裡，作者的結論是：華爾街百分之八十的活動都是「瞎忙」——累贅的電話會談、不必要的約會、收拾好再攤開的那兩隻鼓鼓的公文包。

聰明人永遠不會因為忙碌而忽視了鍛鍊和保持身體的健康。

發展自己的個人愛好

明白人世事通曉，更深刻地理解人生，知道適當發展自己的愛好來享受人生。

威爾福・萊特康，前半生奮鬥了四十年，成了全世界織布業的巨頭之一。儘管事務十分繁忙，但仍渴望有自己的興趣愛好。他說：「過去我很想畫畫，但從未學過油畫，我曾不敢相信自己花了力氣會有很大的收穫。可我最後還是決定了，無論多麼忙，每天一定要抽出一個小時時間畫畫。」

威爾福・萊特康所犧牲的只能是睡眠了。為了保證這一小時不受干擾，唯一的辦法是每天清晨五點前就起床，一直畫到吃早飯。他說：「其實那並不算苦。一旦我決定每天在這一小時裡學畫，每天清晨這個時候，渴望和追求就會把我喚醒，怎麼也不想再睡了。」

他把頂樓改為畫室，幾年來從不放過早晨的這一小時。後來時間給他的報酬是驚人的。他的油畫大量地在畫展上出現了，他還舉辦了多次個人畫展。其中有幾百幅畫以高價被買走。他把用這一小時作畫所得的全部收入變為獎學金，專供給那些搞藝術的優秀學生。他說：「捐贈這點錢算不了什麼，只是我的一半收穫。從畫畫中我獲得了很大的愉快，這是另一半收穫。」

在當今這個生活快節奏的年代裡，人們似乎每天都沒有充裕的時間去做自己想做的事，所以許多念頭就此打消了。但世界上仍有許多人用堅定的意志，堅持每天擠出一點兒時間，來發展自己的個人愛好，往往是越忙碌的人，他越能擠出時間來。

費爾德曾精闢地說過這麼一句話：「成功與失敗的分水嶺可以用這麼五個字來表達——『我沒有時間』。」

一位明白人指出：每天花一小時來做你想做的任何事，這有助於挖掘出你身上的潛在能力，因為這種能力若不去挖掘，它很容易消失。抓住這點兒時間，就能使你的心靈變得更美，生活更有情趣，生命更有意義。不信你就試試，看看結果會如何。

❖ 保持自我本色

伊笛絲·阿雷德太太從小就特別敏感而靦腆，她的身體一直太胖，而她的一張臉使她看起來比實際還胖得多。伊笛絲有一個很古板的母親，她認為把衣服弄得漂亮是一件很愚蠢的事情。她總是對伊笛絲說：「寬衣好穿，窄衣易破。」而母親總照這句話來幫伊笛絲穿衣服。所以，伊笛絲從來不和其他的孩子一起做戶外活動，甚至不上體育課。她非常害羞，覺得自己和其他的人都「不一樣」，完全不討人喜歡。

長大之後，伊笛絲嫁給一個比她大好幾歲的男人，可是她並沒有改變。她丈夫一家人都很好，也充滿了自信。伊笛絲盡最大的努力要像他們一樣，可是她做不到。他們為了使伊笛絲性格開朗起來做過種種的嘗試，但這使伊笛絲變得更加緊張不安。她躲開了所有的朋友，她甚至害怕聽到門鈴響。伊笛絲知道自己是一個失敗者，又怕她的丈夫會發現這一點。所以每次他們出現在公共場合的時候，她都假裝很開心，結果常常做得太過分。事後，伊笛絲還會為此事難過好幾天。不開心到使她覺得再活下去也沒有什麼意思了，甚至開始想自殺。

後來，是什麼改變了這個不快樂的女人的生活呢？只是一句隨口說出的話。隨口說的一句話，改變了伊笛絲的整個生活，使她成了一個聰明人。有一天，她的婆婆正在談她怎麼教養她的幾個孩子，她說：「不管事情怎麼樣，我總會要求他們保持本色。」

「保持本色！」就是這句話！在那一剎那之間，伊笛絲才發現自己之所以那麼苦惱，就是因為她一直在試著讓自己適合於一個並不適合於自己的模式。

伊笛絲後來回憶道：「在一夜之間我整個人都變了。我開始保持本色。我試著研究我自己的個性，自己的優點，盡我所能去學色彩和服飾知識，盡量以適合我的方式去穿衣服，主動地去結交朋友。我參加了一個社團組織（起先是一個很小的社團），他們讓我參加活動，但我嚇壞了。可是我每次發言後，就增加了一點兒勇氣。今天我所有的快樂，是我從來沒有想到可能得到的。在教養我自己的孩子時，我也總是把我從痛苦的經驗中所學到的東西教給他們：「不管事情怎麼樣，總要保持本色。」

聰明人知道，想要生活得快樂，最重要的就是保持自己的本色。你只能唱你自己的歌；你只能畫你自己的畫；你只能做一個由你的經驗、你的環境和你的家庭所造成的你。不論好壞，你都得自己創造自己的小花園；不論好壞，你都得在生命的交響樂中，演奏你自己的樂器。

不怕出醜

伊米莉是一個聰明人。她只會說一點點可憐的法語，卻毅然飛往法國去作一次生意旅行。雖然人們曾告誡她：巴黎人對不會講法語的人是很看不起的。但她堅持在展覽館、咖啡店、愛麗舍宮用法語與每個人交談。不怕結結巴巴、不怕語塞傻笑、出醜。因為伊米莉發現，當法國人對她使用的虛擬語氣大為震驚之狀過去後，許多人都熱情地向她伸出手來，為她的「生活之樂」所感染，從她對生活的努力態度中得到極大的樂趣。他們為伊米莉喝彩，為所有有勇氣做一切事情而不怕出醜的人歡呼。

生活中有些精明人中於不願成為初學者，就總是拒絕學習新東西。他們因為害怕「出醜」，寧願閉塞自己的機會，限制自己的樂趣，禁錮自己的生活。

而許多聰明人認識到，若要改變一下自己的生活位置總要冒出醜的風險。大智若愚，積愚成智，生活的哲學就是這樣。

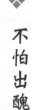

◆重視親情，工作與家庭雙贏

雷蒙總是忙，抽不出時間來陪家人。他女兒潔爾的七歲生日快到了，並早在好幾個星期前就念叨著她的首次「成長」派對。雷蒙的妻子塔米告訴他，這個派對他必須參加。雖然女兒生日那天他在舊金山有一宗不能錯過的生意。他詢問航空公司得知談完生意後完全有時間趕回去參加女兒的生日派對，所以他就訂了機票。

到了那天，生意談判結束了。他興奮地趕到機場，但飛機晚點了，而他必須趕回家。他試著訂另一班飛機，但是機票早已告罄，他趕不回去參加女兒的生日派對了。他坐在候機室，用手機撥通了辦公室電話，對他的同事弗蘭克說：「會議很成功，但是我被困在飛機場，錯過了潔爾的生日。」一股失落的感覺襲擊了他，他非常難過。

他回到家時，餐桌上的一束氣球向他搖擺，氣球上貼著一張卡片，上面寫著：「對不起，我遲到了——愛你的爸爸。」他想，這肯定是弗蘭克的主意。這時妻子塔米從後院走進來，疲憊卻面帶微笑的潔爾跟在後面，尖叫道：「爸爸！」

「生日快樂！」他說著走到女兒面前，給了她一個熱烈的擁抱和一個吻。他不好意思地對妻子說：「至少這些氣球沒有遲到。」

妻子說：「雷蒙，你知道，這張生日卡片很有趣——真的一點也不像你的作風。」

「嗯，實際上……不是我送來的。肯定是弗蘭克的主意，他知道我會遲到的。」

他害怕這時他的妻子會開始抱怨他，但她拿著卡片說：「雷蒙，你不明白，這意味著什麼嗎？」

他看著卡片上的筆跡——這些話是送給妻子、女兒這樣的親人的，但卻是由一個根本不認識她們的人寫下的……他感到很慚愧。

第二天早晨，他把公司的全體員工都叫到了會議室。他宣布：「從今天開始，公司將有一些改變。新的工作時間將從星期一到星期四，每天早晨九點到下午五點——最遲到六點。休假日時我不接任何有關工作的電話。過去我花了太多的時間守著你們工作；現在，我要讓你們獨立做自己的工作。」他看得出來，大家費了很大的勁，才忍住要歡呼的衝動。

他想他的妻子和女兒也會高興和歡呼起來。

明白人不會為了工作而忽視家庭和親情。

◆重視家庭氣氛

生活中常常有這樣的情況：

一個女人是非常好的人，從結婚之日起就努力維持一個家。她會在清晨五點起床，為一家老小作早飯；每天下午，她總是彎著腰刷鍋洗碗，家裡的每 隻鍋碗都沒有一點污垢；晚上，她蹲著認真地擦地板，把家裡的地板收拾得比別人家的床還要乾淨。

一個男人也是非常好的人。他不抽煙、不喝酒，工作認真踏實，每天準時上下班。他也是個負責任的父親，經常督促孩子們做功課。

按理說，這樣的好女人和好男人組成一個家庭應該是世界上最幸福的了。可是，他們卻常常暗自抱怨自己家庭不幸福。常常感慨「另一半」不理解自己。男人悄悄嘆氣，女人偷偷哭泣。

這個女人心想：也許是地板擦得不夠乾淨，飯菜做得不夠好吃。於是，她更加努力地擦地板，更加用心地作飯。可是，他們兩個人還是不快樂。

直到有一天，女人正忙著擦地板，丈夫說：「老婆，來陪我聽一聽音樂。」女人想說「我還有……事沒做完呢」。可是話到嘴邊突然停住了——她一下子悟到了世上所有「好女人」和「好男人」婚姻悲劇的根源。她忽然明白，丈夫要的是她本人，他只希望在婚姻中得到妻子的陪伴和分享。

洗碗、擦地板難道要比陪伴自己的丈夫更重要嗎？於是，她停下手上的家務事，坐到丈夫身邊，陪他聽音樂。令女人吃驚的是，他們開始真正的彼此需要，以前他們都只是用自己的方式愛對方，而事實上，那也許並不是對方真正需要的。

明白人非常重視家庭，他們知道，家的感覺更多的來自於家人所給予的愛的溫暖。即使地板有一些髒，飯菜有一點兒難吃，但家庭也是幸福的。

精神幸福是上乘的幸福

幸福是什麼？按目前流行的觀點：「所謂幸福，就是人們在創造物質生活條件和精神生活條件的實踐中，由於感受和理解到目標和理想的實現，而得到的精神上的滿足」。這個定義，把幸福與快樂、不幸與痛苦完全等同起來。而在明白人看來，這些範疇是不同的。幸福是人們目的的實現，不幸是人們的目的未能實現。而快樂則是對幸福的感覺，是人們實現了目的所感到的滿足。

人生的意義，就在於追求幸福。不論禁慾主義者，還是快樂主義者，他們都不可能不是在追求幸福，他們都不可能不是在避免不幸。只不過由於他們對幸福的認識、感覺不同，因而似乎一些人在追求幸福，另一些人在追求不幸罷了。

西方有一句名言：吃和睡是豬的生活。難道加上玩和樂，就是人的生活？物質幸福實際是人和動物都有的，只有精神幸福才為人所獨有。所以物質幸福是低級的基本幸福，而精神幸福則是高級、上乘的幸福。因此，全世界公認的明白人馬克思最喜歡說的話就是：「思維的享受是最高的享受。」、「即使是罪犯的思想，也比天上的奇跡更燦爛輝煌。」

幸福的心態

明白人知道，幸福只是一種感覺。一個人的處境是苦是樂常是主觀的。苦樂全憑自己判斷，這和客觀環境並不一定有直接關係，正如一個不愛珠寶的女人，即使置身在極其重視虛榮的環境，也無傷她的自尊。擁有萬卷書的窮書生，並不想去和百萬富翁交換鑽石或股票。滿足於田園生活性情恬淡的人也並不羨慕任何學者的榮譽頭銜或高官厚祿。

你的愛好就是你的方向；你的興趣就是你的資本；你的性情就是你的命運。各人有各人理想的樂園，有自己所樂於安享的世界。

一位北京女記者偶然去了一趟藏北高原，發現那裡的藏民拖家帶口，靠啃犛牛骨頭度日。她大生惻隱之心，深表同情。不料，藏民根本不買賬，反而對女記者說：「我看你一年到頭離鄉背井的，也不知為什麼奔波，你才真的慘哩。」

同樣一種生活狀況，你認為人家過得挺悲慘，但人家自我感覺良好，活得有滋有味，你能說清楚什麼是生活的幸福嗎？

羅素曾著有《幸福論》一書，自覺對幸福頗有研究。一九二四年，他抱著「拯救中國人於水火」的宏願到了四川。但一上了峨嵋山，羅素就打消了最初的念頭。因為他上山時乘的是竹轎，羅素看到大汗淋漓的轎夫，深感不忍。誰知兩個轎夫在歇汗的時候還有說有笑，並給這位大哲學家出了一道智力題：「你能用十一畫寫出兩個中國人的名字嗎？」羅素承認不能。轎夫笑吟吟地說出了四個字的答案：「王一、王二。」羅素嘆道：用自以為是的眼光看待別人的幸福是錯誤的。

美國的戴爾・卡內基可稱得上是一個明白人，他說：「使你快樂或不快樂的，不是你有什麼，你是誰，你在哪裡，或你正在做什麼，而是你對它的想法。舉例來說，兩個人處境相同，做同樣的事情；兩個人都有著大致相等數量的金錢和聲望。然而，其中一個鬱鬱寡歡，另外一人則高高興興。什麼緣故？心理態度不同的關係。」

人生如吃飯

聽說一位智者是明白人。馬克去向這位智者請教一些關於人生的問題。

智者告訴馬克：「人生其實很簡單，就跟吃飯一樣，把吃飯的問題搞明白了，也就把所有的問題都搞明白了。」

馬克一時沒有轉過彎兒：「人生像吃飯這麼簡單？」

智者不緊不慢地說：「就這麼簡單，只不過用嘴吃飯人人都無師自通，用心吃飯則有一定難度，即使名師指點也未必有人能學得會。

「聰明者為自己吃飯，愚昧者為別人吃飯；聰明者把吃飯當吃飯，愚昧者把吃飯當表演；聰明者在外面吃飯時喜歡平均分攤，愚昧者卻喜歡呼朋喚友搶著付賬；聰明者吃飯既不點得太多，也不點得太少，他知道適可而止，能吃多少，就點多少，他能估計到自己的肚子；愚昧者則貪多求全、拚命點菜，什麼菜貴點什麼，什麼菜怪點什麼，等菜端上來時又忙著給人夾菜，自己卻剛動幾筷子就放下了。

「他們要麼就是高估了自己的胃口，要嘛就是為了給別人做個『吃相文雅』

的姿態；聰明者付賬時心安理得，只掏自己的一份；愚昧者結賬時心驚肉跳，明明賬單上的數字讓他心裡割肉般疼痛，卻還裝出面不改色心不跳的英雄氣概，好像他是大家的衣食父母似的；聰明者只為吃飯而來，沒有別的動機，他既不想討好誰，也不會得罪誰；愚昧者卻思慮重重，又想拼酒量，又想交朋友，又想拉業務，他本來想獲得眾人的豔羨，最後卻南轅北轍、弄巧成拙，不是招致別人的恥笑，就是引來別人的利用。吃飯本是一種享受，但是到了他那裡，卻成為一種酷刑。

「吃飯跟人生何其相似！人生在世，光怪陸離的東西實在太多，誰也無法說出哪些是好的，哪些是不好的；哪些值得追求，哪些不值得追求；哪種模式算是成功，哪種模式算是失敗，唯一能說明白的也許只有三點：第一，自己的事情自己承擔，不要麻煩任何人為你代勞，也不要搶著為任何人代勞。第二，要多照顧自己的情緒，少顧忌他人的眼色，太多顧忌別人，

把自己弄得像個演員似的，實在是一件吃力不討好的事情。第三，凡事最好量需而行、量力而行，不要訂太高的目標。就像吃飯，你有多大胃口、你有多少錢，就點多少菜，千萬不要貪多求全。

「人生本來是一系列美好無比的享受，可是真正享受到這些樂趣者又能有幾人呢？由於無視了以上三個原則，那麼多人的生命都白白浪費了。就像那些搶著請客

的人，花掉的冤枉錢不比任何人少，得到的快樂不比任何人多，辛苦一場，勞命傷財，最後經常連坐山租車的錢都沒有，只好餓著肚子步行回家，去泡方便面！」

這位智者果然是一位參透了人生的明白人。

❖ 享受生活中的小喜悅

明白人懂得，人是需要享受生命的。無論你多忙，你總有時間選擇兩件事：快樂還是不快樂。早上你起床的時候，也許你自己還不曉得，不過你的確已選擇了讓自己快樂還是不快樂。

有一位小學老師教學生寫作文，題目是：「快樂是什麼？」一個小女孩寫道：「快樂就是在寒冷的夜晚鑽進厚厚的被子裡去。快樂就是讓自己快樂。」是的，快樂就是讓自己快樂。

歷史學家維爾・杜蘭特希望在知識中尋找快樂，卻只找到幻滅；他在旅行中尋找快樂，卻只找到疲倦；他在財富中尋找快樂，卻只找到紛亂憂慮；他在寫作中尋找快樂，卻只找到身心疲憊。有一天他看見一個女人坐在車裡等人，懷中抱著一個熟睡的嬰兒。一個男人從火車上走下來，走到那對母子身邊，溫柔地親吻女人和她懷中的嬰兒，小心翼翼地不敢驚醒他。這一家人然後開車走了，留下杜蘭特深思地望著他們離去的方向。他猛然驚覺，原來日常生活的一點一滴都蘊藏著快樂。

我們大多數人一生中不見得有機會可以贏得大獎，不過，我們都有機會得到生活的小獎。每一個人都有機會得到一個擁抱，一個親吻。生活中到處都有小小的喜悅，也許只是一杯冰茶，一碗熱湯，或是一輪美麗的落日。更大一點的單純樂趣也不是沒有，生而自由的喜悅就夠我們感激一生的了。這許許多多點點滴滴都值得我們細細去品味，去咀嚼。也就是這些小小的快樂，讓我們的生命更可親，更可眷戀。

如果生命的大獎落到明白人的頭上，他會心懷感激。但即使它們與自己失之交臂，明白人也不會嗟嘆，他們會盡情去享受生命的小獎。他們知道，昨日的英雄只是今日的塵土，生命的大獎只是雪泥鴻爪，瞬間消逝，但是那些小小的喜悅卻在日常生活中俯拾即是，無虞匱乏的。人生的大喜畢竟少有，可是只要你睜大眼睛、敞開心扉，到處都可以發現那些小小的喜悅。

選擇快樂地生活

有一天，湯姆到酒吧喝悶酒。服務生見他一副眉頭深鎖的樣子，便問他：「先生，您到底為了什麼事心煩呢？」

湯姆答道：「上個月，我叔父去世，因為他沒有後代，所以，在遺囑中，將他僅有的五千張股票，全部留給了我！」

服務生聽後安慰湯姆道：「你的叔父去世固然讓人覺得遺憾，但是人死不能復生，而且，你能繼承你叔父的股票，應該也算是一件好事啊！」

湯姆答道：「一開始，我也認為是件好事。但問題是，這五千張股票，全部是面臨融資催繳、準備斷頭的股票啊！」

假使你能抱著正面的心態來面對問題，就算你真的面臨像故事中的湯姆那樣股票即將斷頭的危機，只要你能妥善應對，終究會有「解套」的一天。

一位明白人曾經寫道：「我們無法矯治這個苦難的世界，但我們能選擇快樂地活著。」

在明白人看來，天底下沒有絕對的好事和絕對的壞事，有的只是你如何選擇面對事情的態度。如果你凡事皆抱著負面的心態來看待，那麼就算讓你中了一千萬元的樂透彩，也是壞事一樁。因為你害怕中了獎券之後，有人會覬覦你的錢財，進而對你採取不利的行動。

契訶夫說：「手指紮了一根刺，你應該高興地喊一聲：『幸虧不是紮在眼睛裡！』」

❖ 發自內心感受富足，才是真富足

明白人認為：金錢並不是人生的目的，只是手段。他們知道，唯有讓金錢發揮正面的作用、造福我們身邊的人，否則它沒有什麼價值。當你能把所賺得的財富對社會作出相對的貢獻，那麼就能體會出人生最大的快樂。

除非你能夠把提升價值、賺得財富跟快樂連在一起，否則就無法長久這麼做下去。大部分人只知拚命賺錢，等賺到一定的財富時才去享受，這只會使他把賺錢跟痛苦連在一起。不要這樣，在賺錢的過程中，就要懂得享受所賺的，偶爾給自己一個意外的驚喜，譬如給自己買個很喜歡的東西，這樣你才會覺得賺錢還真是一件快樂而值得的事。

明白人都相信，發自於內心感受的富足才是真正的富足。前人所留下來的就足以讓我們覺得富足，想想看，我們沒畫什麼畫就能看到偉大的作品，沒作什麼曲就能聽到動人的音樂，沒付出任何心血就能接受良好的教育。去公園、郊外走走，好好徜徉在大自然的富足之中。明白自己此刻是個富裕的人，好好享受那些富裕吧。

只要你能夠承認這也是一種富裕，心懷感恩就能使你的創造力源源不斷。

❖學會感恩和知足

以寫《達到經濟自由的九個步驟》一書而成名並致富的奧曼自己買得起勞力士手錶和名牌服飾，開得起豪華跑車，也能夠到私人小島度假，卻坦白承認她沒有滿足感，甚至有好友在她身旁時她仍然感到寂寞。

奧曼說：「我已經比我夢想的還要富裕，可是我還是感到悲傷、空虛和茫然。錢財居然不等於快樂！我真的不知道什麼東西才能帶來快樂。」

像奧曼那樣，為錢奮鬥了大半輩子才悟出「有錢不一定快樂」道理的人不在少數。她如果肯在聖誕假期當中靜下心來讀讀普拉格的《快樂是嚴肅的題目》這本書，就會感悟出，感恩之心是快樂的祕訣。

普拉格的書中引述了一個觀點，就是人之所以不快樂，就是因為人本身出了問題，把有問題的部分修理好就行了。根據他的看法，不知感恩是造成我們不快樂的一大原因。特別是在布施禮物的「快樂假期」裡，他提醒做父母的應該好好教導孩子知道感恩與滿足。他認為：「如果我們給孩子太多，讓他們期望越來越大，就等於把他們快樂的能力給剝奪了。」他認為做父母、做長輩的有責任要求孩子們學會從心裡說「謝謝」。

知足也是快樂的重要條件。心理學家多易居說，佛家早就看出，人類不快樂的最大原因是慾望得不到滿足、期望得不到實現。而美國文化培養出來的普拉格則詳細區分「欲望」與「期望」，他說雖然慾望也許有礙快樂，卻是「美好人生」不可缺少和無法消除的成分。期望則是另一回事，例如，我們期望健康，但得付出代價。

普拉格舉例說，某一天你發現身上長了個瘤，你心懷忐忑找醫生檢查。一個禮拜後，當聽到良性瘤的診斷結果時，你會感到這一天是你一生中最快樂的一天。事實上，這一天和你懷疑身上有瘤的那一天一樣，生理上的健康情形並沒有改變，如今你卻快樂得不得了，為什麼？因為今天你並沒有期望自己會很健康。

因此，他說我們能夠也應該「欲望」健康，但不應該「期望」健康！就好像我們不應期望人生當中許多事：求職考試順利、投資策略成功，甚至所愛的人長命百歲。他說，如果我們分不清「欲望」和「期望」，我們便會感到「失望」。期望得不到實現，不但會給我們帶來痛苦，也會破壞我們的感恩心。而感恩心情是快樂的必要條件。

所有快樂的人都心懷感恩，不知感恩的人不會快樂，而你期望越多，感恩心就越少。在期望獲得滿足的一剎那，我們必須想到那絕不是必然的事，既然如此，感恩之心會增加我們的愉悅，也會使我們將來不至於不快樂。

猶太教和佛教都教人隨時心懷感恩。猶太教徒凡事都要感謝上帝：為了盤中的食物、清晨醒來、休假，甚至見到美麗的彩虹，都有感激上帝的頌詞。佛教徒「上報四重恩」（三寶恩、父母恩、國家恩和眾生恩），當中的眾生恩也類似猶太教的感恩範圍，甚至更大。

各行各業的人努力工作，我們才有一切衣食器具與避風寒的屋宇，天下各種動物、植物、礦物的生存，提供我們維持生命和賞心悅目的資源。

一位明白人說：「我們要學會感恩和知足，只有這樣我們的生活才會真正快樂起來。」

簡單生活是快樂的源頭

美國的理查德就是一個崇尚返璞歸真、嚮往簡單生活的明白人。他在幾年前搬了辦公室，新辦公室比原來的便宜，使他減少了一些財務上的壓力。另外，新辦公室離家很近，以前需要十五分鐘的車程，現在只要五分鐘就可以了。他一年幾乎要工作五十個星期，調換了新的辦公室，使他無形中一年省下了兩百個小時。當然，以前的辦公室看起來氣派一些，但他現在回顧起來，真是不值得為那「氣派」付出那麼多。

「簡單生活」並不是要你放棄所有的一切。實行它，必須從你的實際出發。理查德說，他提倡簡單生活，但工作決定了他必須擁有電腦。他說，簡單生活不是自甘貧賤。你可以開一部昂貴的車子，但仍然可以使生活簡化。一個基本的概念在於你想要改進你的生活品質而已。

關鍵是誠實地面對自己，想想生命中對自己真正重要的是什麼？

有一個崇尚簡單生活的人，在周圍的人都熱衷於大搞居室裝修時，他的房子沒有進行任何新裝修就「白著」住進去了。他說：「裝修的最高境界就是不裝修。」、「房子是給自己住的，不是給別人看的。將自己居住的房子裝修得像個五星級賓館，簡直是太土了！」在他看來，自然才是一種美。由著個性簡單地裝修一下，更順眼，更舒服。

也許這個年輕人的做法有點兒「矯枉過正」，但在許多人以過度消費、瘋狂追求時髦、從而犧牲掉人生真正快樂的風潮中說，他的做法無疑是明智的，稱得上是一個明白人。

❖快樂，並不是住大房子

柯比和許多人一樣，追求的是傳統的美國夢。他們只是接受了住房越大越好的觀念，卻沒有認真想一想，它是否確實適用於他們自己的生活。直到有一次機會，他們全家在挪威生活了一年，才終於意識到，在空間不大的小房子裡生活是再好不過的了。回到美國後，他們毫不猶豫地賣掉了大房子，在另一個街區買了一套別緻的小公寓。他們用賣大房子的錢償還了貸款。住房對柯比一家而言是一筆巨大的開支。他家現在已不必再為交付昂貴的抵押貸款而擔心了。

幾十年以來，美國人的住房面積和住房追求不斷擴大。從兩室一廳的小套間發展到半個籃球場那麼大的客廳，配有豪華浴缸的衛生間，三個車位的車庫，寬大的草坪、陽台，越來越奢華。擁有這種住宅幾乎成為每個美國人的夢想。人人從十幾歲起就開始為之奮鬥，努力工作，拚命賺錢，每月把工資的一半交給銀行，償還購房貸款。然而，我們真的需要這麼巨大的空間嗎？為了擁有遠離市中心的大房子，我們離工作地點越來越遠，每天花四五個小時往返，忍受著漫長的交通堵塞，跟著車隊一步一步地挪動。筋疲力盡地回家後，在電視機前就可能累得打起瞌睡了，已沒有多餘的精力再為生活在大房子裡感到驕傲了。為了填充空空蕩蕩的房間，還得購買回與之相配的傢具、電器，生活簡直變成了無休無止的苦役。

一位明白人指出，我們根本就不需要這麼大的空間，一間乾淨的小公寓就能讓我們生活得舒適。只有丟棄了那些毫無用處的雜物，才能重新享受日常生活的便利。當你發現自己不用再為大房子而煩惱時，你會發現一種情緒和心理上的極大解脫。

摒棄多餘的東西

愛琳・詹姆絲在參透世事之後，變成了一個性格豁達、淡泊明志的明白人。

愛琳・詹姆絲是美國倡導簡單生活的專家。作為一個投資人、作家和地產投資顧問，她已努力奮鬥了十幾年。有一天，她坐在自己的寫字檯旁，呆呆地望著寫滿密密麻麻事宜的日程安排表。突然，她意識到自己對這張令人發瘋的日程表再也無法忍受下去了。自己的生活已經變得太複雜了，用這麼多亂七八糟的東西來塞滿自己清醒的每一分鐘簡直就是一種瘋狂愚蠢的嘗試。就在這一刻，她作出了決定：她要開始簡單的生活。

她著手開始列出一個清單，把需要從她的生活中刪除的事情都列出來。然後，她作出了果斷行動。首先，她取消了所有預約電話。其次，她停止了預定的雜誌，並把堆積在桌子上的所有沒有讀過的雜誌都清除掉。她註銷了一些信用卡，以減少每個月收到的賬單。她的整個簡化清單包括八十多項內容。

愛琳・詹姆絲說：「我們的生活已經變得太複雜了。在我們這個世界的歷史進程中，從來沒有像我們今天這個時代擁有如此多的東西。這些年來，我們一直被誘導著，使得我們誤認為我們能夠擁有所有的一切，我們已經使得自己對嘗試新產品都感到厭倦。許多人認為，所有這些東西讓他們沉溺其中並心煩意亂，已經使得自己失去了創造力。

「因為受慣性的生活方式的影響，你每天有多少活動是不得不勉強為之的？生活習慣和繁瑣的例行公事是否讓你的日常生活落入浪費時間、浪費精力的陷阱？其實減少那些程序化的活動，並不會因此就減少機會。

「習慣驅使我們每天都面臨著日常的瑣事。我們總是擔心如果我們不去做，就會失去什麼東西。我最後總算明白過來，是的，也許我的確會失去什麼東西，但是這沒什麼不好，我還在好好地活著。還不僅僅是活著，而是活得更瀟灑了，因為我再也用不著總是試圖去做所有的事情。看看那些對人類的藝術領域、音樂領域、科學領域作出過卓越貢獻的人——畢加索、莫扎特、愛因斯坦這些人都生活在極為簡單的生活之中。他們全神貫注於自己的主要領域，挖掘內在的創造源泉，獲得了豐富精彩的人生。」

明白人主張，摒棄那些多餘的東西，不要讓自己迷失方向，貪婪地占有只會占用自己大量時間和精力，而這些時間和精力本來可以用於我們做真正希望去做的事情。

◆ 金錢不是成功的最終目的

你可能聽到這種說法：你必須為任何享受到的成功付出代價。但是，明白人不會選擇付出如此無謂的代價。

許多人認為成功的定義就是會有很多錢。但是，明白人知道，金錢不是成功的最終目的，而只是幫助你實現成功的工具。

僅憑金錢本身不能保證你會成功。擁有財富並不是成功的終點：不是要讓你從此以後枕著柔軟的枕頭，每天舒舒服服地躺在床上，一件事也不用做；或只是一天到晚享用無盡的美食。個人的成功，在於能夠每天早上對自己說：「我等不及要面對這一天，我熱切地想知道前面的路上有什麼事物在等著我，我將會有所學習和成長。我願意正面迎接挑戰，也有把握贏得每天的勝利。我滿心期待我今晚能好好地躺在床上，有個美夢。我知道我是最棒的，我會盡我所能去迎接各種可能面臨的事物。」

許多人「做五盼二」（不情願地工作五天，企盼著那兩天休息的日子）。

他們從星期一工作到星期五，僅僅星期六、日兩天可以算是他們自己的日子。也就是說，他們一星期裡為別人辛勤工作五天，然後只有到了週末才算「擁有自己真正的生活」。

但在明白人看來，這些人一個星期有五天的時間都悄悄地流失掉了。成功是每一天——無論這一天是一星期裡的任何一天——都全心全意擁抱生命，熱切地迎接每一個機會和可能的挑戰。

你曾否把快樂當成目標？你不可能只因決定「今天我要快樂」，或「今天我要比昨天更快樂」就因而得到快樂。快樂絕不該是你生命的條件，想要因為加薪升級而得到快樂，無異是緣木求魚，快樂絕不可能是你所追求、努力，或奮鬥的結果。你可以在你的努力中期待許多報償——財務上的安全、智慧上的刺激、或是身心需要的滿足，但快樂不應該成為你的目標或爭取的目的。刻意追求它，是永遠得不到的。反而是當你不去在意它時，它卻翻然在你眼前出現。

一位明白人說：「欣賞你所做的——無論這一天是星期二或是星期六——這就是成功！」

❖不害怕「孤獨」

在現實中生活，當然不能脫離在群體之外，可是明白人懂得，如果你喜歡獨來獨往，也不必過分在意別人把你當成「孤家寡人」。如果你每天上下班需在途中乘車兩個小時，你想利用這段時間看書、聽外語、思索或僅僅閉目養神，那麼就不必勉強自己去參與無聊的閒談、聊天。心理學者研究後認為，唯獨孤獨才專屬男子漢所能追求的境界。在多感的青春年華中尤其需充分體驗孤獨的樂趣，有某種才華的人，總會顯露出孤獨感。

聞名於世、陷入千百萬觀眾和崇拜者的重重包圍中的意大利電影明星蘇菲亞・羅蘭居然也會感到孤獨，而且還喜歡寂寞。她說：「在寂寞中，我正視自己的真實感情，正視我真實的自己。我品嚐新思想，修正錯誤。我在寂寞中猶如置身在裝有不失真的鏡子的房屋裡。」

這位藝術家認為，形單影隻，常給她以同自己靈魂坦率對話和真誠交往的絕好機會。孤寂是靈魂的過濾器，它使羅蘭恢復了青春，也滋養了她的內心世界。所以她說：「我孤獨時，我從不孤獨。我和我的思維做伴，我和我的書本做伴。」

國畫大師劉海粟主張，年輕人「精力正旺，正是做學問的好時光。一定要甘於寂寞。你集中一段時間閉門學習，不去湊熱鬧，在社會裡暫時不出現，沒啥了不起，等你真正有成就，社會永遠記得你，你就永遠不會冷清，不會寂寞了。這是我的經驗之談。」，「對一個名人來說，熱鬧有時就是捧場，就是奉承。這對從事藝術創作是有害的。因為太熱鬧，腦子要發熱，安靜不下來。」

並不是所有的人都會有根本的孤獨感。大凡有孤獨感的人，思想感情多為較深沉者。因為他們有獨特的見解和獨特的個性，不為當時社會和同時代人所容，在任何場合下他們都有與眾不同的表現和格局，故內心常有一種難以排遣的孤獨。而其中的明白人，會讓自己陶醉在不斷的生活創作中，他們能夠感到實實在在的平安和滿足。

司湯達活著時，聲名並不顯赫，但他預言要等到一八八〇年左右才會有人欣賞他；貝多芬的作品超越時空，他自己清楚，自己的作品是為未來世紀的聽眾而創作的。有許多天才人物，包括偉大的政治家，孤獨感幾乎是他們身上固有的一種不治之症。這種孤獨感伴隨著惆悵和憂鬱。企圖抗衡和擺脫這種孤獨感，便成了他們從事創作的一種最頑強的內驅力。例如：凡高作畫，既不為名，也不為利，他之所以要拼著一條性命去畫，僅僅是為了排遣內心深處一種說不太清的根本的孤獨感。

愛因斯坦也曾患有孤獨症。在《我的世界觀》一文中，他坦率地作了自我解剖：「我對社會正義和社會責任的強烈感覺，如同我顯然的對別人和社會直接接觸的淡漠，兩者總是形成古怪的對照。我實在是一個『孤獨的旅客』，我未曾全心全意地屬於我的國家，我的家庭，我的朋友，甚至我最接近的親人；在所有這些關係面前，我總是感覺到有一定距離並且需要保持孤獨，而這種感受正與年俱增。」愛因斯坦終生對物理學、藝術和哲學的真摯的愛，全然是企圖對這種孤獨感的永恆擺脫和最勇敢的回擊。

明白人知道，作為現代人都難免偶爾有孤獨感。對於人類科學、文化創造來說，孤獨感並不是一件壞事。也許，人才在教室、課堂上培養，天才則在孤獨感中自己成長。因為孤獨感會使人處於一種自我發現的緊迫狀態。

孤獨往往能帶給我們大量的獨處時間，可供自由支配。明白人相信，大凡成功者都必有自己獨特的生活方式，否則，幸運為什麼獨獨喜歡降臨到他們頭上？

保持大氣度

古時候，有一個婦人總是因為一些再平常不過的小事情而發脾氣，她自己也知道這樣做很不好，但總是控制不住自己。於是她請求一位得道高僧為自己講一講禪法，以修心養性。

那位得道高僧聽了她的請求之後，一言不發地把她領進一間禪房裡，就轉身出去了，並且關上門鎖上鎖頭。

那個婦人莫名其妙，不由地發起脾氣來，一邊砸門一邊大罵。罵了很久，高僧根本不理會她。沒辦法，婦人只好哀求高僧放她出去，可是高僧仍然充耳不聞。又過了一段時間，那個婦人終於不再吭聲了。

高僧來到禪房門外，問道：「你還生氣嗎？」

婦人回答道：「我只是生我自己的氣，居然蠢到來這地方受罪的地步。」

高僧說：「連自己都不肯原諒的人怎麼可能心靜如止水呢？」於是拂袖而去。

過了一段時間，高僧又去問那個婦人說：「你還生氣嗎？」

婦人回答說：「不生氣了。」

「為什麼呢？」高僧又問道。

「就是生氣也沒有辦法呀。」婦人回答說。

於是高僧又說：「看來你的氣還沒有消呀，把氣壓在心裡，將來爆發後會更加劇烈。」說完又離開了。

當高僧第三次來到禪房門前詢問婦人的心境時，婦人告訴他說：「我已經不生氣了，因為根本就不值得生氣。」

高僧笑著說道：「你說起值不值得生氣，可見心裡還是不平衡，還是有氣根呀。」於是高僧又走開了。

一百天的時間就這樣過去了，當高僧的身影出現在夕陽投下的柔光中時，婦人隔著門向高僧問道：「師父，請問什麼是氣？」

於是，高僧打開禪房的門，把手中端著的茶水傾倒在地上。那個婦人注視了很久，頓悟，向高僧叩謝後便回家去了。

只有明白人才會懂得，到底什麼是「氣」呢？「氣」不過是已經被別人倒掉的一杯茶水而已，你如果偏偏要喝，自然難受；可是，如果你不理它，它就會自然而然地消失在空氣中了。何必因別人的過錯而懲罰自己呢？

❖快樂不需「有條件」

心理學家馬修傑波博士說：「快樂是發自內心的，它的產生不是由於事物，而是由於不受環境影響的個人舉動所產生的觀念、思想與態度。」

除了真正的明白人之外，沒有人能隨時感到快樂。蕭伯納譏諷道：如果我們感到可憐，很可能會一直感到可憐。明白人相信，對於日常生活中使我們不快樂的那些眾多瑣事，我們應當換個思考方式，使我們感到快樂，這就是：大部分時間想著愉悅的事。

對於煩惱、小挫折，我們很可能習慣性地反應出暴躁、不滿、懊悔與不安。這樣的反應我們已經「練習」了很久，所以成了一種習慣。這種不快反應的產生，大部分是由於我們把它解釋為「對自尊的打擊」等原因。比如司機沒有必要衝著我們按喇叭、我們講話時某人沒注意聽甚至插嘴打斷我們、認為某人能夠幫助我們而事實並非如此。甚至個人對於事情的解釋結果，也會傷了我們的自尊；我們要搭的公共汽車竟然誤點；我們計畫要打高爾夫球，結果下起雨來；我們急著趕搭飛機，結果交通阻塞，這樣我們的反應是生氣、懊悔、自憐或換句話說：「悶悶不樂。」

不快樂的人最普遍的原因是他們企圖按照自己的計畫順利生活。他們不是在生活，也不是在享受人生，他們是在等待將來發生的事情。他們想結婚後，找到好職業，買下大房子，孩子們完成大學教育以後……因此，某項計畫發生了問題，沒有實現預定的目標，他們就會失望、懊喪。快樂是一種心理的習慣，是一種心理的態度，目前不練習這個習慣，不培養這個態度，將來就永遠不會體驗到。

一位聰明人說：「快樂不是在解決外在問題的條件下而產生的。一個問題解決了，另外一個問題還會接踵而至；生活就是一連串的問題。如果要快樂，現在必須快樂起來，不要『有條件』地快樂。」

❖放下包袱

身體的重負導致疲勞，稱做累。隨著現代科技的發展，許多人肩上的重負逐漸減弱，但心理的重負逐漸增強，且煩惱對心理的壓迫較之重負，對身體的壓迫越來越更顯深刻。心理煩惱加上生理疲勞，構成了現代人普遍的心態——「活得累不累」成為時下人們議論的焦點之一。時間給我們每一個人同樣的日子，你為什麼感到特別累呢？也許主要是因為處世無方或者不懂得用適當的方法去化解。在這方面，明白人則高明得多了，他們的經驗是：

1、學會化解緊張的良策

緊張是快節奏時代的顯著特點，化解緊張是每個現代人必不可少的能力。比如，如果你工作時間緊張，可提高自己的能力；如果你經濟不寬裕，可以調整自己的心態。

（1）如果你工作緊張，請不要煩躁，不要忙亂，首先分出八〇%的次要和二〇%的主要，請優先做好二〇%有著關鍵作用的工作。在少了壓力的情況下，八〇%的工作也會迎刃而解。其次，改善你的工作環境，調適你的情緒。讓緊張化解於愉快之中，以工作效率促進工作質量。有了效率又有質量，即使工作還很艱苦繁重，也會有了輕鬆感。

（2）如果你時間緊張，那麼，優化程序可以節省時間，花錢代勞可以騰出時間，乘車代步可以爭得時間，學習方法正確可以縮短時間，超前安排可以贏得時間——時間可以永遠是你的奴婢。

（3）如果你經濟上不寬裕，那麼請推遲十天購買新上市的蔬菜（這並不減少新鮮度）；推遲一個月購進應時服裝（這並不影響你的漂亮）；推遲一年購買時尚用品（這並不改變你的風度）。粗製品並不比精製品少了營養，首飾並不是人的必需，名牌並不反映價值，這些都是消費中誘惑你手中金錢的「扒手」。

明白人絕不會為了面子「裝闊」。

學會花錢，也是致富的一個必要條件。世界上最會賺錢的人，也是最會花錢的人。小氣是精明有錢人的看家本領；精打細算、不亂花錢才是聰明的富翁的真正風度。

然而，在生活中我們發現，愈是沒錢的人，愈愛裝闊綽。這似乎是個心理問題。因為沒錢的人容易產生逆反心理，他們內心常在較勁：「我只能買這種便宜貨嗎？」自憐便油然而生，更因顧慮到別人的眼光而忐忑不安。所以當他們面對一件商品時，往往考慮虛榮比考慮價格的時間長，沒錢的自卑感像魔鬼一樣纏得他們猶豫不決，最終屈服於虛榮，勉強買下自己能力所不能及的東西。於是，社會中有了一種怪現象，越窮的人，越不喜歡廉價品。

有一位身兼數家大公司的董事長，他從來不在乎別人對他的稱呼——「小氣財神」。他和朋友去餐館吃飯時，大都隨便點一些菜，並不講究非叫最好的好菜，以顯示自己的財富。有些人則不行，本來沒有別人有錢，卻怎麼也不敢瀟灑地點兒便宜菜，擔心招來輕蔑的眼光。

如果你再留心看那些旅遊觀光的外國客人，他們的穿著打扮，都是很隨便和儉樸的，有的真是近於邋遢，事實上，這些人中不乏富有之人。

年輕人往往是最愛虛榮的，一個剛賺了一點錢的小夥子，卻非要請女友去高級餐館，入高級舞廳……試想，這樣的年輕人又怎能不窮呢？越裝闊越窮，越窮越裝闊，形成了一個跳不出去的貧窮的惡性循環。

2、不要試圖追求完美

如果你做了還感到不好，改了還感到不快，考了九十九分還嫌不是一百分，那麼，你是在追求完美——這樣定會「累」。明白人認為，這種情況很容易改變。

請瞧瞧你手中的「紅富士」，它們並不處處圓潤，再近一點看看牡丹，它也不一定是花中之王。花無完美、果無完美，何況人生！

我們每個人都可能不是完美的。你選擇了這些，就等於拋棄了另一些。你既要年輕漂亮又想成熟老練；既要熱情單純又要穩重深沉；既要狂熱輝煌又想恬靜舒適；既想權力處在頂峰又不想承擔一點風險……這種心理，怎能不累？

有這樣一個古老的傳說：處於混沌狀態的天王，當他臉龐模糊的時候，他活得蠻好，而他的臉部被鑿出清晰的七竅時，他卻失去了生命。有缺憾正是生命的一大特點。

你想富有知識嗎？

叔本華說：「知識越多越悲苦。」

你希望是天才嗎？

亞里士多德說：「所有的天才都是憂鬱的。」

你想有至高無上的地位嗎？

戴高樂說：「坐在執掌大權位置上的領導人，同那種平靜安寧心滿意足的快樂是無緣無份的。」

完美何在？

你不妨放下「面子」，若是你能像明白人那樣耍點聰明笑笑他人，又願意漏點愚蠢讓他人笑笑，世界會變得很明媚，你也一定會很輕鬆。

3、不必對周圍的人分析過多

許多瑣事，你想了三天往往不如一秒鐘的直覺正確。分析雖然使你剔除了一些假的東西，但也讓你懷疑一些真的東西。分析的依據常是往事，而往事與現今總是不可同日而語的，用這種思維對待周圍人的言行雖然讓你清醒和深入，但也很難避免隨同感情和心態而波動。

沒有一種分析不帶有好惡和主觀，它可能使你陷入更深的偏見。常聽人告誡「言多必失」，其實，更多的是「想多必失」。

「金無足赤，人無完人。」西施耳小，昭君腳大，再漂亮的人也經不得細瞧。

只有文學評論才將人物分析來分析去。為人不是為文，為人總是直比曲好。林黛玉講話總帶上另一層含意，聽了別人的話總不忘想盡它的另一層意思，太小心眼也太費精神了。而明白人都比較寬容、豁達，他們主張：不可對周圍的人分析評判得太多。

4、不必太注意別人的臉色

小孩是看家長的臉色行事的，因為孩子幼稚。奴才是看主人的臉色行事的，因為奴才的命運操縱在主人手裡。誰願意永不成熟，誰願意將命運交到別人手中？

我們並不可能讓每一個人都高興，他的臉色不好，也許只是他的一種病態，也許他並沒有沖你而來，也許雖然做給你看，但全是誤會。你為什麼將命運的一半交給他呢？我們如果一隻眼睛注意著工作，另一隻眼睛在注意別人的臉色，是無法把事情做好的。明白人不會注重別人的臉色，而是專心做自己的事業。

轉個彎路更寬

作　　者：趙希俊

發 行 人：林敬彬
主　　編：楊安瑜
編　　輯：蔡穎如
封面設計：周宗翰
內頁設計：周宗翰

出　　版：大都會文化 行政院新聞局北市業字第89號
發　　行：大都會文化事業有限公司
110台北市基隆路一段432號4樓之9
讀者服務專線：（02）27235216
讀者服務傳真：（02）27235220
電子郵件信箱：metro@ms21.hinet.net
網址：www.metrobook.com.tw

郵政劃撥：14050529　大都會文化事業有限公司
出版日期：2005年5月初版第1刷
定　　價：280元
特　　價：199元
ISBN　：986-7651-39-1
書　　號：Growth-004
Metropolitan Culture Enterprise Co., Ltd.
4F-9, Double Hero Bldg., 432, Keelung Rd., Sec. 1,
Taipei 110, Taiwan
TEL:+886-2-2723-5216　FAX:+886-2-2723-5220
e-mail:metro@ms21.hinet.net
Website:www.metrobook.com.tw

◎本書由中國婦女出版社授權繁體字版之出版發行

國家圖書館出版品預行編目資料

轉個彎路更寬/趙希俊著. - 初版. - 臺北市：
大都會文化, 2005 - 【民94-】
面：　公分. -- （心靈特區：4）
ISBN：986-7651-39-1（平裝）
1.修身 2.生活指導
192.1　　94006180

☆度小月系列			
路邊攤賺大錢【搶錢篇】	280元	路邊攤賺大錢2【奇蹟篇】	280元
路邊攤賺大錢3【致富篇】	280元	路邊攤賺大錢4【飾品配件篇】	280元
路邊攤賺大錢5【清涼美食篇】	280元	路邊攤賺大錢6【異國美食篇】	280元
路邊攤賺大錢7【元氣早餐篇】	280元	路邊攤賺大錢8【養生進補篇】	280元
路邊攤賺大錢9【加盟篇】	280元	路邊攤賺大錢10【中部搶錢篇】	280元
路邊攤賺大錢11【賺翻篇】	280元		
☆DIY系列			
路邊攤美食DIY	220元	嚴選台灣小吃DIY	220元
路邊攤超人氣小吃DIY	220元	路邊攤紅不讓美食DIY	220元
路邊攤流行冰品DIY	220元		
☆流行瘋系列			
跟著偶像FUN韓假	260元	女人百分百-男人心中的最愛	180元
哈利波特魔法學院	160元	韓式愛美大作戰	240元
下一個偶像就是你	180元	芙蓉美人泡澡術	220元
☆生活大師系列			
遠離過敏-打造健康的居家環境	280元	這樣泡澡最健康-紓壓・排毒・瘦身三部曲	220元
兩岸用語快譯通	220元	台灣珍奇廟-發財開運祈福路	280元
魅力野溪溫泉大發見	260元	寵愛你的肌膚-從手工香皂開始	260元
舞動燭光-手工蠟燭的綺麗世界	280元		
☆寵物當家系列			
Smart養狗寶典	380元	Smart養貓寶典	380元
貓咪玩具魔法DIY-讓牠快樂起舞的55種方法	220元	愛犬造型魔法書-讓你的寶貝漂亮一下	260元
漂亮寶貝在你家-寵物流行精品DIY	220元	我的陽光・我的寶貝-寵物真情物語	220元
我家有隻麝香豬-養豬完全攻略	220元		
☆人物誌系列			
現代灰姑娘	199元	黛安娜傳	360元
船上的365天	360元	優雅與狂野-威廉王子	260元
走出城堡的王子	160元	殞逝的英格蘭玫瑰	260元
貝克漢與維多利亞-新皇族的真實人生	280元	幸運的孩子-布希王朝的真實故事	250元
瑪丹娜-流行天后的真實畫像	280元	紅塵歲月-三毛的生命戀歌	250元
風華再現-金庸傳	260元	俠骨柔情-古龍的今生今世	250元
她從海上來-張愛玲情愛傳奇	250元	從間諜到總統-普丁傳奇	250元
☆心靈特區系列			
每一片刻都是重生	220元	給大腦洗個澡	220元
成功方與圓-改變一生的處世智慧	220元	轉個彎路更寬	199元
☆SUCCESS系列			
七大狂銷戰略	220元	打造一整年的好業績-店面經營的72堂課	200元
超級記憶術-改變一生的學習方式	199元	管理的鋼盔-商戰存活與突圍的25個必勝錦囊	200元
搞什麼行銷—152個商戰關鍵報告	220元	精明人聰明人明白人-態度決定你的成敗	200元
☆都會健康館系列			
秋養生-二十四節氣養生經	220元	春養生-二十四節氣養生經	220元
夏養生-二十四節氣養生經	220元		

☆CHOICE系列			
入侵鹿耳門	280元	蒲公英與我-聽我說說畫	220元
入侵鹿耳門（新版）	199元		
☆FORTH系列			
印度流浪記-滌盡塵俗的心之旅	220元		
☆禮物書系列			
印象花園 梵谷	160元	印象花園 莫內	160元
印象花園 高更	160元	印象花園 竇加	160元
印象花園 雷諾瓦	160元	印象花園 大衛	160元
印象花園 畢卡索	160元	印象花園 達文西	160元
印象花園 米開朗基羅	160元	印象花園 拉斐爾	160元
印象花園 林布蘭特	160元	印象花園 米勒	160元
絮語說相思 情有獨鍾	200元		
☆工商管理系列			
二十一世紀新工作浪潮	200元	化危機為轉機	200元
美術工作者設計生涯轉轉彎	200元	攝影工作者快門生涯轉轉彎	200元
企劃工作者動腦生涯轉轉彎	220元	電腦工作者滑鼠生涯轉轉彎	200元
打開視窗說亮話	200元	文字工作者撰錢生活轉轉彎	220元
挑戰極限	320元		
30分鐘行動管理百科（九本盒裝套書）	799元		
30分鐘教你自我腦內革命	110元	30分鐘教你樹立優質形象	110元
30分鐘教你錢多事少離家近	110元	30分鐘教你創造自我價值	110元
30分鐘教你Smart解決難題	110元	30分鐘教你如何激勵部屬	110元
30分鐘教你掌握優勢談判	110元	30分鐘教你如何快速致富	110元
30分鐘教你提昇溝通技巧	110元		
☆精緻生活系列			
女人窺心事	120元	另類費洛蒙	180元
花落	180元		
☆CITY MALL系列			
別懷疑！我就是馬克大夫	200元	愛情詭話	170元
唉呀！真尷尬	200元	就是要賴在演藝圈	180元
☆親子教養系列			
孩童完全自救寶盒（五書+五卡+四卷錄影帶）3,490元（特價2,490元）			
孩童完全自救手冊-這時候你該怎麼辦（合訂本）299元			
我家小孩愛看書-Happy學習easy go！ 220元			
☆新觀念美語			
NEC新觀念美語教室12,450元（八本書+48卷卡帶）			

您可以採用下列簡便的訂購方式：

◎請向全國鄰近之各大書局或上大都會文化www.metrobook.com.tw選購。
◎劃撥訂購：請直接至郵局劃撥付款。
帳號：14050529
戶名：大都會文化事業有限公司
（請於劃撥單背面通訊欄註明欲購書名及數量）

大都會文化　讀者服務卡

書號：Growth004 轉個彎路更寬

謝謝您選擇了這本書！期待您的支持與建議，讓我們能有更多聯繫與互動的機會。

日後您將可不定期收到本公司的新書資訊及特惠活動訊息。

A. 您在何時購得本書：________ 年________ 月________ 日

B. 您在何處購得本書：____________ 書店（便利超商、量販店），位於　　　（市、縣）

C. 您從哪裡得知本書的消息：1. □書店2. □報章雜誌3. □電台活動4. □網路資訊
5. □書籤宣傳品等6. □親友介紹7. □書評8. □其他________________

D. 您購買本書的動機：（可複選）1. □對主題和內容感興趣2. □工作需要3. □生活需要
4. □自我進修5. □內容為流行熱門話題6. □其他________________

E. 您最喜歡本書的：（可複選）1. □內容題材2. □字體大小3. □翻譯文筆4. □封面
5. □編排方式6. □其他________________

F. 您認為本書的封面：1. □非常出色2. □普通3. □毫不起眼4. □其他________

G. 您認為本書的編排：1. □非常出色2. □普通3. □毫不起眼4. □其他________

H. 您通常以哪些方式購書：（可複選）1. □逛書店2. □書展3. □劃撥郵購4. □團體訂購
5. □網路購書6. □其他________________

I. 您希望我們出版哪類書籍：（可複選）1. □旅遊2. □流行文化3. □生活休閒
4. □美容保養5. □散文小品6. □科學新知7. □藝術音樂8. □致富理財9. □工商管理
10. □科幻推理11. □史哲類12. □勵志傳記13. □電影小說14. □語言學習（________語）
15. □幽默諧趣16. □其他________________

J. 您對本書（系）的建議：________________________________

____

K. 您對本出版社的建議：________________________________

____

讀者小檔案

姓名：________________ 性別：□男□女　生日：____年____月____日

年齡：□20歲以下□20～30歲□31～40歲□41～50歲□50歲以上

職業：1. □學生2. □軍公教3. □大眾傳播4. □服務業5. □金融業6. □製造業
7. □資訊業8. □自由業9. □家管10. □退休11. □其他________

學歷：□國小或以下□國中□高中／高職□大學／大專□研究所以上

通訊地址：________________________________

電話：（H）____________（O）____________ 傳真：____________

行動電話：____________ E-Mail：________________

◎如果您願意收到本公司最新圖書資訊或電子報，請留下您的E-Mail信箱。

請沿虛線剪下，對折裝訂後寄回

大都會文化

轉個彎
路更寬

北區郵政管理局
登記證北台字第9125號
免貼郵票

大都會文化事業有限公司
讀者服務部收
110台北市基隆路一段432號4樓之9

寄回這張服務卡（免貼郵票）
您可以：
◎不定期收到最新出版訊息
◎參加各項回饋優惠活動

大都會文化

大都會文化